이미지메이킹에서
면접까지

Imagemaking Communication Interview

유정화 | 이나영 | 곽봉화

새로미

머리말

현대 사회에서 이미지 메이킹(image making)은 사회적 성공여부를 좌우할 수 있는 중요한 역할을 하고 있다. 능력은 있지만 자신의 관리를 소홀히 하여 자신으로부터 표현되는 이미지 경영의 실패로 인해 피해를 보기도 한다. 또 어떤 사람들은 자신의 능력보다 자신의 긍정적인 면을 표출시켜 주변 사람들의 좋은 평을 받기도 한다. 그러므로 이러한 우리의 현실 속에서 이미지 메이킹은 대중을 대하는 연예인이나 정치가의 전유물이 아니라는 것을 직시하고, 각자 개인적인 이미지 메이킹을 통해 자신의 삶에 활용할 줄 알아야 한다.

또한 사람들은 인간관계를 맺을 때 서로간의 감정을 표현하게 되고 감정표현을 통해 인간관계를 시작한다. 현대사회는 커뮤니케이션을 잘하느냐, 못하느냐에 따라 인간관계의 성패가 좌우된다고 해도 과언이 아닐 정도로 중요성이 강조되고 있다.

사회적 동물인 사람은 정상적인 인간관계를 통해서 인간관계가 좋을 때에 삶의 가치를 느끼게 되고, 자신의 존재에 인정을 받음으로서 행복을 느끼게 된다.

이러한 인간관계의 기본 수단은 커뮤니케이션이며, 원만한 인간관계를 형성하고 유지하려면 커뮤니케이션 능력을 키우고 지속하려는 노력이 필요하다. 더불어 타인의 마음을 상하게 하는 것이 무엇인지 이해하고, 유대를 강화하며, 상대방을 배려하는 정신이 필요하다.

Introduction

마지막으로 많은 취업준비생들은 취업전쟁이라고 할 만큼 직업을 구하기 위한 노력에 많은 시간을 투자하고 있다. 취업을 하기 위한 첫 관문은 이력서 및 자기소개서, 그리고 면접일 것이다. 이력서를 통하여 기업의 인사 담당자는 지원자를 처음으로 대면하게 되고 첫 이미지를 이력서를 통하여 받게 되며, 지원자의 역량이나 능력, 태도 등을 판단하게 된다.

기업은 학력이나 경력보다는 일에 대한 도전적인 자세와 열정을 원하고, 개인보다는 팀워크를 우선시하는 사람을 원하며, 개성이 강한 사람보다는 조직사회에 잘 적응할 수 있는 인재를 원한다. 특히 자신의 직무에 대한 전문성을 갖추고 충성도가 강한 인재를 선호한다. 따라서 기업에서 최적의 인재를 채용하기 위해 다양한 면접을 시행하고 있으며 그 비중도 높다고 할 수 있다. 면접에서는 자신의 견해를 표현하는 커뮤니케이션 능력, 태도 등을 주요 평가 항목으로 삼고 있다. 이러한 대면 면접은 인물의 인성, 열정, 표현 능력 등을 파악하고자함이다. 그러므로 취업을 준비하는 사람은 기업이 원하는 인재상에 맞게 자신을 잘 포장할 줄 알아야 한다.

따라서 본서는 서비스맨으로서 고객을 응대하고 그 역량을 펼쳐 나가기 위해 갖춰야 할 기본적인 이미지 메이킹과 커뮤니케이션 능력을 함양하여 바람직한 이미지를 완성하는데 그 목적을 두고 있다. 또한 취업을 위해 반드시 통과해야할 서류와 면접 준비 과정에 도움을 주고자 한다. 본서를 통하여 적합한 이미지를 수립하고 향후 서비스 현장에서 그 역량을 마음껏 발휘하기 바라는 바이다.

책이 출판되기 까지 도움을 주신 많은 분들께 진심으로 감사드린다.

저자 씀

차례

contents

contents

contents

contents

Imagemaking

Communication

Interview

이미지메이킹에서 면접까지

제1장

이미지
메이킹

1. 이미지(image)

1) 이미지의 개념

이미지(image)란 사전적인 정의로 '어떤 사람이나 사물로부터 받는 느낌이나 인상'으로 되어 있다. 이는 사물이나 사람에게 받는 인상(印象)과 이전 감각에 의하여 얻어졌던 것이 마음속에서 재생한 것이라고 할 수 있다. 다시 말해 이미지란 인간의 지각을 통한 주관적이고 선택적인 외부 상황의 재 표현으로 감각대상으로부터 지속적으로 감지된 모든 정보가 사람의 마음속에서 지각되거나 인지되는 과정을 거쳐 재구성된 하나의 상이라고 할 수 있다.

이러한 이미지란 용어는 일반적으로 널리 사용되어지는 반면, 용어가 내포되어 있는 개념은 매우 모호하여 다양한 정의로 제시되고 있다. 다양한 이론들을 정리해보면, 이미지는 어떠한 사물이나 대상에 대해 주관적으로 지각되고 형성된 실상과 허상의 집합체라고 할 수 있다. 그리고 어느 한 요소가 아닌 그에 관련된 전체를 포괄하는 개념이라고 할 수 있으며 지성적 이미지, 표정 이미지, 태도 이미지, 복장 이미지, 감성 이미지, 음성 이미지 등 다양한 요소가 포함되어 있음을 알 수 있다. 이미지의 속성은 자체가 쉽게 변화되고 한번 형성되면 스스로 강화되는 특성이 있다. 또한, 여러 가지 자극에 의해서 새롭게 형성되기도 하고 변화하기도 한다. 이미지는 그 자체가 인간의 행동에 크게 영향을 미치고 있다. 특정한 사람이나 사물 혹은 집단에 대하여 이미지는 좋을 수도 있고 나쁠 수도 있다.

이미지가 현재 자신을 정확하게 반영했는지의 여부와 관계없이 이미지만으로 상대에 대한 지각에 의해서 행동으로 나타나게 되며, 이것이 바로 이미지가 첫인상에 큰 영향을 미치는 강력한 힘을 발휘하게 되는 이유이기도 하다.

2) 이미지 인식

미국의 심리학자이며 의사소통 전문가인 앨버트 메러비언(Albert Mehrabian)은 인간의 대화에서 언어가 설득요인의 7%를 차지하고, 음조, 억양, 목소리, 말투 등의 청각적 요소가 38%를 차지하며 표정, 태도, 자세, 용모 등 시각적 요소가 55%를 차지한다고 했다.

이는 상대를 설득하는데 있어서 언어적 요소가 절대적이 아님을 말해주고 있으며, 이미지는 한 가지 요소에 의해서만 평가를 받는 것이 아니라 다양한 요소의 결합이며, 이 모든 것이 결합하여 전체 이미지로 평가된다는 것을 의미한다. 그러므로 이미지를 결정하거나 형성하는 조건은 다음과 같다.

① 첫인상은 7초 내로 결정된다.
② 이미지의 55%는 시각정보(표정, 인사, 자세, 용모, 옷차림 등)를 통해 결정된다.
③ 청각 이미지(목소리의 크기, 톤, 말투 등)가 38% 형성된다.
④ 7%는 언어(말하는 속도, 발음, 말씨, 경어의 사용, 논리적 구성)를 통해 형성된다고 할 수 있다.

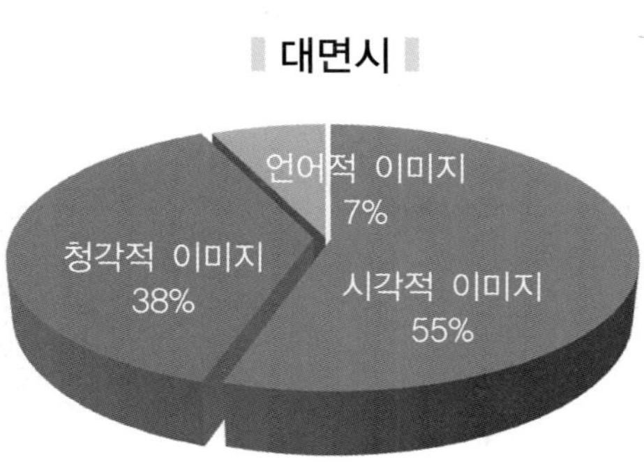

앨버트 메러비언(Albert Mehrabian)의 법칙

2. 이미지 형성 요소

1) 외모 (appearance)

사람의 외모는 심성과 생각에 영향을 받기도 한다. 좋은 생각, 바른 마음가짐을 갖고 있다면 외모 또한 온화해 보일 것이다.

그리고 외모는 자세와 행동을 동반하여 표정과 화술에도 영향을 미치게 된다.

외모가 상대방에게 호감을 줄 수 있는 정도는 개인의 특성과 성향에 따라 다르지만 단정한 용모와 복장은 상대에게 친근감과 편안함을 전달할 수 있다. 그렇기 때문에 너무 요란하고 화려한 이미지 연출로 타인에게 거부감을 느끼게 하지 않는 것이 좋다. 개인의 외모는 자신의 개성과 상황에 맞는 스타일로서 전체적인 조화로움으로 연출하는 것이 바람직하다.

2) 표정 (expression)

표정은 눈과 입의 표정에 따라서 달리 표현되며 그 사람의 심리 상태를 알 수 있기도 하다. 표정은 상대방에게 호감을 주기도 하고 불쾌감을 주기도 하기 때문에 얼굴의 눈, 입의 표정을 밝게 훈련하여 원만한 대인관계를 형성해야 한다. 표정이 항상 굳어 있고 화가 나 있는 것 같은 얼굴이라면 이미지가 좋게 보일 수 없다. 억지 표정이 아닌 자연스럽고 온화하며, 상황에 맞는 적절한 표정을 지을 수 있다면 금상첨화일 것이다. 그러기 위해서는 평소에 다정하고 부드러운 표정과 미소를 짓는 습관을 갖는 것이 좋다.

3) 자세 (attitude)

자세는 사람의 감정이나 욕구에 따라 영향을 받는다. 또한 외모와 화술이 동반되며 표정이나 행동에도 영향을 준다. 현재의 감정 상태에 따라 자세가 달라지고, 욕구성향에 따라 태도가 다르게 나타나기에 자세는 외부로 표출된다는 것을 알아야 한다.

4) 행동 (behavior)

행동은 욕구와 습관의 작용을 받고, 감정과 생각이 영향을 준다. 또한 표정과 외모가 동반되며, 화술과 자세에도 영향을 미친다. 평상시에 그 사람이 무엇을 추구하느냐와 오랫동안 길들여진 습관에 의해 그 사람의 행동이 외부로 표출된다. 사람의 마음을 편안하게 해줄 수 있는 것은 상대방에 대한 존중의 마음을 가진 자연스런 태도라는 것을 명심해야 한다.

5) 말 (speech)

말은 생각과 습관의 작용을 받고, 심성과 욕구에 영향을 준다. 또한 표정과 자세가 동반되며, 외모와 행동에도 영향을 미친다. 말은 개개인의 독특한 생각이 습관을 만들고, 습관은 생각과 상호 작용을 하여 말로 표현된다.

인간관계에서 말씨는 모든 행동의 기본이다. 우리가 지켜야 할 매너 중에서 말은 행동으로 표현되는 것이다. 바른 대화법으로 친절하게 대하며, 반갑게 인사말을 전하는 것은 그 사람의 인성과 인격을 전하게 하는 중요한 역할을 한다. 또한 좋은 목소리는 상대방의 기분을 즐겁게 하고 신뢰감을 심어주게 된다. 맑고 부드러운 목소리, 적당한 속도와 크기의 목소리를 유지해야 상대방에게 자신의 의중을 효과적으로 전달할 수 있다.

3. 첫인상

1) 첫인상의 개념

첫인상이란 처음 만나는 사람에게서 보여 지는 정보를 순간적으로 감지하고 정리하여 개인의 인지구조에 의해 각인시키고 보관된 자료이다. 따라서 첫 인상은 개인에 대한 주관적인 정보이자 인간관계의 출발점이라고 할 수 있다. 첫인상은 외모가 80%, 목소리가 13%, 인격 7%로 형성된다고 하는 연구보고서가 있다.

2) 첫인상의 중요성

첫인상(First impression)이 중요한 이유는 자칫 한 번 잘 못 비쳐지면 상대방의 기억 속에 오랫동안 각인되어 회복이 어려워지기 때문이다. 첫인상은 처음 대면하는 아주 짧은 시간에 상대방에 대하여 평가하고 결론을 내리는 것으로, 처음 대하는 사람에 대해 갖는 최초의 이미지이며 동시에 상대방에게 자신을 알리는 최초의 단계가 된다. 또한 첫인상은 사회적 상호작용의 시작이며 추후 상호작용의 결정요인이 된다. 안타까운 것은 사람들은 긍정적인 부분보다는 부정적인 부분에 더 집착하는 경향이 있고, 한번 안 좋은 인상은 다시 회복하기가 힘들다는 것이다.

사람들은 극히 시각적이다. 그리고 과할 정도로 다른 사람들의 외모에 영향을 받는다. 조사에 의하면 사람을 만나 2~3초에 첫인상을 형성하여 최초 30초 후에 그 사람에 관한 최종 결정을 내린다고 한다. 어떤 사람에 대해 자신이 판단하여 결론에 도달한 후에는 이미 내린 결론을 정당화하고자 한다. 그래서 사람들이 첫인상을 바꾸기 위해서는 대단히 급격하고 충격적인 어떤 계기가 발생하여야 한다. 그러므로 자신이 연출하는 모든 것이 중요하며 이렇게 연출하여 만든 첫인상에 대해 한 번의 기회를 놓치면 오랫동안 후회하게 될 수도 있기 때문에 대인관계에서 성공하려면 첫인상부터 호감 있게 가꿔야 한다.

3) 첫인상 전달의 특징

첫인상이 전달되는 데는 여러 가지 특징이 있으나, 다음과 같이 크게 네 가지로 구분할 수 있다.

가. 일회성

첫인상이 전달되는 기회는 대부분 한번 뿐이다. 처음 한 번에 전달되고 각인 되어진 정보는 가장 인상 깊게 보존되는 특성을 갖는다.

나. 신속성

첫인상이 전달되는 시간이 불과 7초에서 15초 정도라는 주장들이 있으나, 일반적으로는 이보다 훨씬 빠른 순간에 전달되는 경우가 많다.

다. 일방성

첫인상은 보여 지는 사람의 의도나 동의 없이 그 사람의 사실이나 진가를 확인하지 않고 보는 사람의 기준에 따라 일방적으로 각인된다.

라. 연관성

첫인상은 상상(想像)과 연상(聯想)을 가능케 한다. 실제와는 다른 사람을 떠올리거나 이미 익숙하게 기억하고 있던 사물과 연상하거나 혼동하여 그것을 첫인상으로 입력시키는 것이다.

4) 첫인상의 심리적 효과

초두효과에 의해 어떤 사람에 대한 인상이 처음에 좋게 인식되면, 다음의 부정적인 행동에 대해서도 그의 행동을 합리화시켜 생각하게 된다고 한다. 예를 들어, 사람을 소개할 때 좋은 점을 먼저 소개하고 나쁜 점을 나중에 소개하게 되면, 소개를 받는 사람은 좋은 인상을 바탕으로 그 사람에 대한 인상이 형성되고, 거꾸로 소개하면 부정적 인상을 바탕으로 형성되게 된다는 것이다. 먼저 알게 된 정보가 나중에 알게 된 정보 보다 인상적으로 형성된다는 것이 초두효과의 원리이다.

그 이외에 첫인상 형성에 영향을 미치는 효과는 다음과 같다.

가. 첫인상 형성에 영향을 미치는 일곱 가지 효과

초두 효과 (Primary effect)	처음 입력된 정보가 나중에 습득하는 정보보다 더 강한 영향력을 발휘하는 것을 말한다. 만남에서 첫인상이 중요한 것과 마찬가지다. 미국 다트머스대의 심리·뇌 과학자인 폴 왈렌 교수의 연구에 따르면 뇌의 편도체는 0.017초라는 짧은 순간에 상대방에 대한 호감과 신뢰 여부를 판단한다고 한다.
맥락 효과 (Context effect)	처음에 알게 된 정보에 나중에 알게 된 새로운 정보들의 지침을 만들고 전반적인 맥락을 제공하는 것을 말한다. 즉, 처음에 긍정적인 정보를 얻은 대상이라면 이후에도 긍정적으로 생각하려는 현상을 가리킨다. 얼굴이 예쁜 사람이 공부를 잘하면 지혜로운 자라고 생각하게 되는 반면, 못생긴 사람이 공부를 잘하면 독하다고 생각하는 것이 맥락효과의 예라 볼 수 있다.
부정성의 효과 (Negativity effect)	사람은 대개 긍정적인 것보다는 부정적인 것에 더 큰 영향을 받는다는 것이다. 한번 영향을 받은 부정적인 것은 마음 깊게 뿌리박힌다는 것을 설명하는 용어이다.
후광 효과 (Hallo effect)	후광 효과는 어떤 사람이 가지고 있는 두드러진 특성으로 인해 연관되지 않은 그 사람의 다른 특성을 좋거나 나쁘게 평가하는 것을 의미한다. 한 개인의 다양한 특성에 대한 평가가 그가 가진 하나의 뛰어난 특성에 의해 영향을 받는 현상이다. 외모가 호감을 주는 사람의 성격이 온정적이고 사교적이라거나, 금태 안경을 걸친 사람은 깔끔하고 지적일 것으로 판단하는 것은 후광효과의 일반적 예이다. 연구대상의 어떤 특성의 강한 인상 때문에 다른 특성에 대한 관찰자의 판단이 방해받는 것은 연구 상황에서 후광효과의 예이다.
대비 효과 (Contrast effect)	너무 매력적인 상대와 함께 있으면 그 사람과 비교되어 자신은 오히려 절하되는 현상이다.
현저성 효과 (Vividness effect)	두드러진 특징이 그 사람의 인상형성에 큰 몫을 차지하는 현상을 말한다. 체격이 뚱뚱해서 운동을 못할 것 같고, 키가 작다고 달리기를 못할 것이라고 생각하는 식의 부정적 오해와 키가 커서 성격이 시원시원할 것이라고 느끼게 되는 긍정적인 측면이 이에 해당된다.
방사 효과 (Radiation effect)	지위가 높거나 유명한 사람과 함께 있을 때 사회적인 지위나 자존심이 고양되는 현상을 의미한다. 젊고 이쁜 여자와 못생기고 늙은 남자가 함께 있을 때, 남자가 돈이 많구나 라고 생각하게 되는 예가 이에 해당된다.
악마 효과 (Devil effect)	열등한 외모나 부정적인 모습 때문에 그 사람의 다른 측면까지도 부정적으로 평가하게 되는 것을 말한다. 지저분하고 깔끔하지 못한 이미지를 가진 사람은 능력도 없고, 불평불만이 많을 것 같고, 사교성, 사회성이 없을 것 같이 느끼게 되는 효과가 이에 해당된다.

* 출처 : 교육평가용어사전, 한국교육평가학회, 2004. 5. 31., 학지사
* 자료 : 김경호(2004), 이미지 메이킹의 개념정립과 프로그램의 효과성 분석 연구

나. 시간 경과에 따른 이미지 판단요소

구 분	특 징	판단요소
첫인상	· 외모에 의해서 상대편이 일방적으로 평가한다. · 5~7초 안에 신속하게 이뤄진다. · 외모만을 보고 성격이나 신뢰감에 대한 연상을 일으킨다. · 단 한번 뿐이다. · 나에 대해 긍정적, 부정적인 마음을 갖게 한다.	표정, 모습, 인사, 자세, 동작 이미지 등
중간 인상	· 첫인상에 대한 평가에 의해 지속적으로 받는다. · 부정적인 첫인상을 바꿀 수 있는 유일한 시기이다. · 긍정적인 첫인상을 강화하는 시기이다. · 생각을 행동으로 실천하게 하는 시기이다.	행동과 대화가 대부분의 이미지를 차지
끝인상	· 긍정적인 생각을 한다고 느끼면 소홀하기 쉽다. · 긍정적인 중간인상을 마무리하고 각인 시키는 과정이다. · 신뢰감을 형성한다. · 지속적인 만남을 가질 것인가를 결정한다.	감사 인사, 행동, 전화, 시선 등

다. 첫인상 회복을 위한 세 가지 효과

구분	내용
수면자 효과 (Sleeper Effect)	잘못 제시된 정보도 시간이 지나면서 망각되어지는 현상이다.
빈발효과 (Frequency Effect)	첫인상이 좋지 않게 형성되었어도 반복해서 제시되는 행동이나 태도가 첫인상과는 달리 진지하고 솔직하게 호감을 주게 되면 점차 좋은 인상으로 바뀐다.
충격효과 (Shock Effect)	평상시에는 전혀 느끼지 못했던 충격적인 일이나 예상 밖의 행위를 해서 개인에 대한 인상이 일시에 바뀌게 되는 현상이다.

* 자료 : 김경호(2004), 이미지 메이킹의 개념정립과 프로그램의 효과성 분석 연구

4. 이미지 메이킹(image making)

1) 이미지 메이킹의 개념

이미지 메이킹은 '이미지 만들기', '이미지를 만드는', '이미지를 향상시키다', '이미지를 바꾸다' 등의 사전적 의미를 갖고 있으며(인터넷 두산 백과사전, 2005) 사람이나 사물의 이미지를 만들고 향상시키고 개선시켜 이상적인 이미지를 만드는 모든 행위이다. 또한 '이미지를 만든다' 라는 용어 자체의 의미에서도 알 수 있듯이 개개인의 가지고 있는 내적요소와 외적 요소의 통합으로 이루어지는 것이다.

'만든다' 라는 용어에는 '개선시키다' 라는 의미가 전제되어야 하며, 자신이 기본적으로 가지고 있는 신체 이미지에 외적으로 더해지는 미적 추구 행위를 통하여 '개선' 시키는 것을 그 근본적인 목적으로 하고 있다.

이러한 이미지 메이킹은 의상과 헤어, 메이크업, 헤어, 악세서리 등의 방법을 이용하여 진정한 개인의 개성과 특성을 파악한 후 장점은 개발, 향상시켜 극대화하여 최상의 이미지로 만들고 단점은 장점으로 보일 수 있도록 새롭게 연출하는 작업이라고 할 수 있다.

따라서 이미지가 상대방에게 전달되는 어떠한 느낌을 머릿속에 재현한 허상이라면, 이미지 메이킹은 시대, 상황, 목표에 알맞도록 자신의 모습을 자기가 원하는 감각으로 매력적이고 긍정적이게 이미지화하여 표현하는 기술이다. 즉, 자신이 표현하고자 하는 모습을 가장 자기답고 호의적인 이미지로 부각시키기 위한 노력이며, 이에 따른 총체적인 연출법을 이미지 메이킹이라 볼 수 있다.

이미지 메이킹의 방법은 외적 이미지를 통해 긍정적인 내적 이미지를 끌어내어 시너지(synerge)효과를 얻는 것으로써 의상, 헤어, 메이크업, 에티켓, 화법 등의 외적 이미지 개선을 통해 긍정적인 내적 이미지가 구축된다.

이를 통해 자신감이 생기게 되어 정체성 확립의 목표 달성으로 이루어지고, 이것은 곧 개인 능력의 극대화로 이루어지기도 한다.

미국의 유명한 언론인 리프만(Walter Lippman, 1922)의 저서인 'Public Opinion' 에서는 이미지 메이킹을 통한 개인의 이상적인 이미지 구축은 현대 경쟁사회에서 반드시 필요하다고 했다. 특히, 상대방의 이미지를 통해 사회적 지위나 직업, 성격 및 능력, 감정상태, 사상, 취미 등을 추측하게 하고 이는 빠르게 사회에 인정하고 수용되는 방법으로 받아들여져 급속도로 부각되고 있다는 것이다.

2) 이미지 메이킹(image making)의 중요성

현대 사회에서 이미지 메이킹(image making)은 사회적 성공여부를 좌우할 수 있는 중요한 역할을 하고 있다. 주변의 사람들을 살펴보면 능력은 있지만 자신의 관리를 소홀히 하여 자신으로부터 표현되는 이미지 경영의 실패로 인해 피해를 보기도 한다.

또 어떤 사람들은 자신의 능력보다 자신의 긍정적인 면을 표출시켜 주변 사람들의 좋은 평을 받기도 한다. 그러므로 이러한 우리의 현실 속에서 이미지 메이킹은 대중을 대하는 연예인이나 정치가의 전유물이 아니라는 것을 직시하고, 각자 개인적인 이미지 메이킹을 통해 자신의 삶에 활용할 줄 알아야 한다.

또한 개인의 인간관계와 밀접한 관련이 있기에 바람직한 인간관계를 맺기 위해서는 이미지 메이킹이 중요하다는 것을 알아야 한다.

3) 이미지 메이킹의 요소

가. 내적 이미지(internal image)

- 인간의 심리적, 정신적, 정서적인 특성 등이 고유하고 독특하게 형성되어 있는 상태로서 심성, 생각, 습관, 욕구, 감정 등의 유기체적인 결합으로 이미지를 구축하고 형성해내는 근간이며 본질이다. 아무리 시대가 다른 사람을 평가하는 기준으로 외모를 중시하지만 그 외모를 가꾸어 내는 것은 내면적인 가치가 동반이 되었을 때이다. 따라서 내면의 생각과 마음가짐이 무엇보다 중요하다는 것을 알아야한다.

나. 외적 이미지(external image)

- 인간의 외부로 나타나는 종합적인 이미지로서 외모, 체형, 얼굴, 생김새, 표정, 자세, 태도, 제스처, 음성, 말씨, 행동, 옷차림, 걸음걸이, 매너 등 겉으로 나타내는 외면적인 특성이 혼합되어 있는 개인에 대한 총체적인 모습이다. 외적 이미지는 자신의 신분과 역할에 따라 다르게 표현 되어야 하기에 자신의 외모에 대한 객관적 전략이 확보되어야 한다.

4) 이미지 메이킹의 효과성

① 자신이 원하는 이상적인 모습을 연출할 수 있다.
② 자신의 내면에 잠재된 능력을 개발할 수 있다.
③ 자신의 부가가치를 높일 수 있다.
④ 타인에게 긍정적인 이미지를 심어줄 수 있다.
⑤ 내적 자신감의 증가와 외적 긍정적 이미지로 대인관계 기술이 향상된다.
⑥ 개인의 역할이 증가되어 역할의 폭이 넓어진다.
⑦ 이런 모든 과정을 통해 성공적인 사회생활이 가능해진다.

인간이 자신에 대해 가지는 자기 이미지는 긍정적이거나 부정적일 수 있다. 자기 이미지가 긍정적인 사람은 대인관계도 원만하기 때문에 사회생활을 하는데 있어 특별한 문제가 없게 되고, 그로 인해 자기 성취나 생산성 또한 향상시킬 수 있다.

그러나 자기 이미지가 부정적인 사람은 대인관계가 원만하지 못해 직장 동료나 상사와의 관계에서 협력을 기대하기 어렵고 의사소통에도 문제가 생기기 쉬워 사회생활을 함에 있어 고립될 수 있으며 대인관계에서도 실패할 확률이 높아지는 결과를 초래할 수 있다.

▮자기 이미지가 개인에게 미치는 영향▮

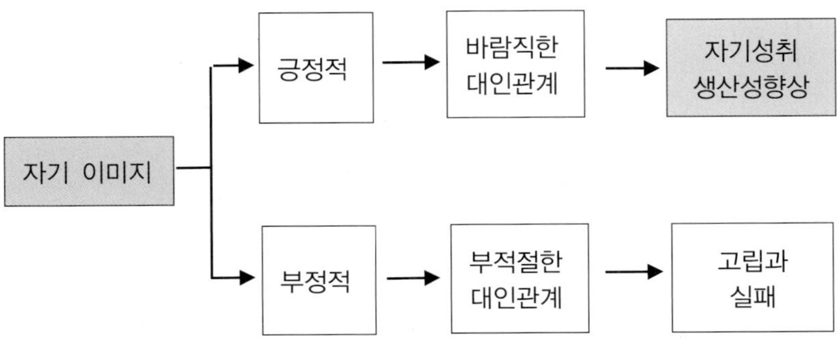

* 자료 : 김경호(2004), 이미지 메이킹의 개념정립과 프로그램의 효과성 분석 연구

5. 효과적 이미지 메이킹

1) 이미지 메이킹 6단계

이미지 메이킹을 성공적으로 수행하기 위해서는 아래와 같은 6단계의 절차에 따라서 수행해야 한다.

1단계 **자기 자신을 잘 알아야 한다.(know yourself)**

스스로 자신을 객관화함으로써 자신의 장점과 단점을 파악한다. 그리고 자신의 선택과 관련해 기회와 위험 및 장애 요인을 파악하고, 그것을 기초로 자신의 장점을 극대화해야 한다.

2단계 **자신의 모델을 설정해야 한다.(model yourself)**

이미지 형성의 목표를 세움으로써 자신이 나아갈 방향을 구체화 할 수 있다. 자신이 선택한 모델을 모방하는 것도 훌륭한 전략이다.

3단계 **자신을 개발해야 한다.(develop yourself)**

자신이 누구인지 무엇을 원하는지 알았다면, 이제 자신을 개발해야한다. 자신만이 가지고 있는 개성이나 장점을 최상의 것으로 부각시켜서 자신만이 뿜어낼 수 있는 칼라를 만들어야 한다. 또한 자신의 설정한 목표의 완성을 위해 끝없이 노력해야 한다. 자기 개발을 위해서는 무엇보다도 적극적이고 능동적인 자세가 요구되며, 자기 확신을 바탕으로 지속적으로 노력을 기울일 필요가 있다.

4단계 **자신을 연출해야 한다.**
(direct yourself)

자신의 개성을 토대로 자신의 이미지를 상황과 대상에 맞도록 표현하는 것이다. 상대에게 호감을 주고 신뢰감을 심어줄 수 있는 긍정적인 이미지의 연출이어야 한다. 좋은 이미지 연출을 위해서는 스마일, 겸손한 태도, 엄격한 시간 관리, 품위 있는 말씨, 조리 있는 대화, 단정한 외모와 복장, 능숙한 표현력 등이 필요하다.

5단계 **자신을 팔아야 한다.(market yourself)**

자신의 가치를 상대에게 인식시키고, 높은 평가를 받을 수 있도록 노력하는 것이다. 다시 말하면 자신의 능력과 정체성을 상품화하거나 브랜드(brand)화 하고, 명품화해야 한다는 것이다.

6단계 **진실한 이미지를 전달하는 단계 (Be yourself)**

자신이 원하는 이미지를 연출함과 동시에 자신의 내면 또한 동일시하는 노력을 하여야 한다. 그래서 연출하는 모습이 포장된 거짓이 아닌 진실함을 나타낼 수 있어야 한다.

2) 이상적인 이미지 메이킹 방법

개인 이미지 향상의 출발은 나 자신을 바르게 아는 것이다. 이 과정을 통해 자신이 원하는 이미지와 비교하여 어느 부분을 향상시킬지에 대한 방법도 나오게 된다. 실제 자신의 이미지를 올바로 인식하고 개선하고 관리할 수 있다는 신념과 변화에 대한 욕구를 가진다면 긍정적 이미지 연출이 가능하다. 효과적인 이미지 메이킹은 자신의 내면과 외면이 조화를 이루고 합치되었을 때 자연스럽고 올바르게 연출될 수 있다.

가. 외적 이미지 메이킹

자신의 체형이나 외모를 객관적으로 판단한다. 자신의 신체적 결함을 보완하고 긍정적이고 매력적인 자신의 장점을 부각시키는 것이 필요하다. 표정, 자세, 패션, 메이크업, 스타일, 화술 등을 자신이 이상적으로 바라는 이미지를 모방하여 자신의 스타일로 연출하는 것이다. 누구누구와 아주 흡사하거나 비슷한 인상을 가졌다는 점을 이용해서 외적으로 이미지 메이킹을 하면 된다.

나. 내적 이미지 메이킹

개인의 외적인 이미지는 결국 내면에서 나온다. 내적인 이미지에 충실하면 외적인 이미지를 돋보이게 할 수 있으므로 왜곡되지 않는 진정한 자기 자신이 되기 위한 이미지를 찾아야 한다. 자신의 성격, 태도, 가치관 등에 대해 스스로 생각해보고 타인에게 나의 내적 이미지를 물어 본 후 올바른 내면의 이미지를 만드는 것이 필요하다. 장점은 더욱 개발하여 부각시키고 단점은 그 원인을 분석하고 보완하려는 노력이 필요하다.

이미지 지수 체크 리스트

A 그룹: 내적 이미지	Yes	No
1. 현재의 내 이미지에 만족하는 편이다.		
2. 나에겐 뚜렷한 희망과 목표가 있다.		
3. 나쁜 습관보다 좋은 습관을 더 많이 가지고 있다.		
4. 상대가 나를 어떻게 생각할 까 늘 의식한다.		
5. 매사에 긍정적이고 적극적이다.		
6. 나는 감정적이기 보다 이성적이다.		
7. 서점에 가면 꼭 자기 계발서나 성공을 다룬 코너를 찾는다.		
8. 잔잔한 클래식 음악을 들으며 책 읽는 것을 즐긴다.		
9. 각종 문화행사에 대한 관심이 많아서 즐겨 찾는다.		
10. 분노를 느낄 때 심호흡을 하며 흥분을 가라앉힌다.		
11. 눈치(이해력과 판단력)가 빠른 편이다		
12. 무력감과 우울증에 빠져 있는 시간이 짧다.		
13. 자동차 · 전철 속에서 성공한 미래의 내 모습을 자주 그린다.		
14. 매일 짧게라도 명상을 한다.		
15. 사람들을 만나는 것이 즐겁고 대인관계도 원만하다.		
16. 남에게 말한 계획은 반드시 지키려고 노력한다.		
17. 항상 메모하는 습관을 가지고 있다.		
18. 스트레스가 쌓이면 영화를 보거나 좋아하는 운동을 한다.		
19. 컴퓨터 앞에 있는 시간이 즐겁다.		
20. 생각하고 고민하는 것보다는 먼저 행동으로 옮긴다.		
21. 시간 약속을 잘 지키는 편이다.		
22. 친구와 쓸데없는 수다를 떨고 나면 시간이 아깝다는 생각을 한다.		
23. 하루의 수면시간은 다섯 시간 내외이다.		
24. 내 사전에 심심하고 무모한 시간이란 있을 수 없다.		
25. 나에겐 이미지 모델이 있다.(내가 닮고 싶어 하는 인물이 있다.)		

B 그룹: 외적 이미지	Yes	No
1. 대체로 나의 외모에 만족한다.		
2. 거울이 있으면 습관적으로 몸 전체의 모습과 표정을 쭉 훑어본다.		
3. 나보다 매력적인 사람을 만나면 그의 외적 이미지를 유심히 관찰한다.		
4. 평소 잘 웃는 편이다.		
5. 사람을 처음 만날 때 웃으면서 악수를 할 수 있다.		
6. 직장 상사로부터 꾸중을 들을 때 멋쩍은 미소를 띤다.		
7. 사람들 앞에 나서는 것이 결코 두렵지 않다.		
8. 화장을 자연스럽게 잘하는 편이다.(면도는 매일 한다)		
9. 얼굴에 트러블이 생기면 재빨리 피부과에서 진료를 받는다.		
10. 체중이 불어나면 즉시 식사량 조절에 들어간다.		
11. 피부색에 맞는 칼라를 알고 체형의 결점을 커버하는 패션 감각이 있다.		
12. 튀는 패션 컬러와 스타일을 좋아하며 상황에 맞는 옷을 입을 줄 안다.		
13. 깔끔하고 단정한 패션 스타일을 좋아한다.		
14. 상사를 만날 때 검정색 옷(양복)을 입지 않는다.		
15. 여러 종류의 스카프(넥타이)를 갖고 있다.		
16. 귀고리, 목걸이, 반지, 팔찌 등의 액세서리를 한꺼번에 다 착용하지 않는다.		
17. 자세는 구부정하지 않고 반듯하며 걸음걸이도 당당하다		
18. 몸짓과 제스처는 우아하고 품위가 있다		
19. 인사성이 좋고 친절하다		
20. 상대방을 배려하는 습관이 몸에 배어 있고 공중도덕을 잘 지킨다.		
21. 내 목소리가 상대에게 거부감을 주지 않는지를 늘 의식한다.		
22. 교양 있는 말투로 겸양어를 자주 사용한다.		
23. 상대방의 말을 잘 듣는 편이다.		
24. 대화를 할 때 상대의 눈을 쳐다본다.		
25. 음식을 깨끗하게 먹고 쩝쩝 소리를 내지 않는다.		

이미지 지수 평가결과
· Ⅰ영역(A, B가 각각 12~25) 내적 이미지와 외적 이미지 모두에 관심이 많고 삶의 의욕 역시 강한 타입. 자신만의 개성을 지속적으로 잘 개발한다면 원하는 모든 것을 이룰 수 있음.
· Ⅱ영역(A 12~25, B 12 미만) 내적 이미지 가치를 중시하여 외적 이미지를 추구하는 사람들에게 우월감 느끼기도 하는 타입. 지성에 맞게 외적 이미지를 보완하면 매력적인 사람이 될 것임.
· Ⅲ영역(A, B 각각 12 미만) 이미지에 관심이 부족하고 패배의식을 지닌 탓에 자신감이 부족한 타입. 적극적인 행동으로 외적 이미지를 구축해가면 내적 이미지도 강화될 수 있음.
· Ⅳ영역(A 12미만, B12~25) 외적 이미지에 관심은 많으나 자신에 맞는 외적 이미지를 찾지 못해서 내적 이미지의 강화 효과를 보지 못하는 타입. 전략적 차원에서 외적 이미지를 강화하면서 자신감을 재고하다 보면 내적 이미지도 강화가 가능함. 〈정연아. '나만의 이미지가 성공을 부른다.' 느낌이 있는 나무. 발췌〉

Imagemaking
Communication
Interview

이미지메이킹에서 면접까지

제2장

인사

1. 인 사

1) 인사의 의미

인사란 '人事'의 한자말을 풀이해 보면 '사람으로서 반드시 해야 할 일'이라는 뜻으로 즉 사람을 존중하며 섬기는 일이라는 의미이다. 또는 예의범절의 기본이며, 상대에게 마음을 열어주는 구체적인 행동 표현이라고 할 수 있다.

인사는 처음 만나는 사람이나 웃어른에게 자신의 모든 것을 잘 표현하고 상대에게서 호감을 받을 수 있는 방법이 될 수 있는 반면, 제대로 예의를 지키지 않을 때 사람 됨됨이의 평가로까지 연장될 수 있는 문제이므로 각별히 주의해야 한다.

오늘날 현대 사회에서 인사는 상대방에게 마음속으로 우러나오는 관심과 존경을 나타내는 적극적인 방법으로 인간관계를 시작하고 원활하게 하는 중요한 수단이기도 한다. 또한 인사는 자신의 인격과 교양의 표현이기도 하다.

인사를 통해 상대방에 대한 불안감을 없애 주고, 상대방에 대한 호의를 전달하며 상대방과의 관계를 나타내고, 화합과 일체감의 토대가 되기에 인사는 친절하게 웃는 얼굴로, 다정하게 호칭하며, 지나치지 않은 범위에서 상대방의 눈빛을 바라보며 해야 한다. 상대방에 대한 인사는 상대방의 존재를 인정해 주는 것임을 잊어서는 안 된다.

가. 인간관계의 시작

인사는 모든 인간관계에서 처음 만나서 하게 되는 예절이다. 상대방에게 인사를 잘하고 첫인상에서 좋은 이미지를 얻으면 상대방의 마음을 사로잡을 수 있으며, 상대의 마음을 쉽게 열수 있게 된다. 이는 앞으로의 관계에서 다소 실수가 있더라도 쉽게 용납될 수도 있으며 다음 단계의 응대가 매끄러워지게 할 수도 있다. 또한 인사만 잘해도 친절하다, 인상이 좋다는 말을 듣게 된다.

나. 존경과 친근감의 표시

인사는 마음을 표현하는 가장 훌륭한 방법이며, 상대를 인정하고 존중하며 친근감의 표시하는 좋은 방법이다. 누구나 정중한 인사를 받으면 인정받았다는 느낌이 들어 기분이 좋아지며 자연스레 마음을 열게 된다. 따라서 인사할 때의 태도는 반가운 마음으로 정중하고 바르게 해야 한다. 그렇지 않으면 오히려 상대방에게 불쾌감을 줄 수 있으며 이는 인간관계의 단절이 되기도 한다.

다. 자신을 알리는 적극적인 방법

인사는 어떠한 방법보다 가장 쉬우면서도 가장 강한 자기 PR 이다.

자신의 존재를 상대방에게 알림으로써 앞으로 자신의 능력을 긍정적으로 발휘할 수 있음을 표현하기도 한다. 두 사람의 신입사원이 있는데 한 사람은 일을 잘하고 상당히 똑똑하지만 무뚝뚝하고, 상사나 선배를 보면 어색해서 고개를 떨구거나 그냥 지나치는 사람과, 일은 다른 사람과 별 차이 없이 보통 수준이지만, 항상 표정이 밝고 회사 사람들을 볼 때마다 웃으면서 먼저 인사를 한다면 과연 누구와 더 일을 같이 하고 싶은지는 굳이 말을 하지 않아도 알 수 있는 부분이다.

인사는 이렇게 여러 가지 의미를 담고 있지만 마음을 담지 않은 인사는 아무런 의미가 없다. 상대에 대한 반가움과 존경심을 담아 예의를 갖추어 인사한다면 사회생활 하는 것에 있어 좋은 시발점이 될 수 있다. 인사는 또한 습관이므로 바빠서 못하고 귀찮아서 안하며 부끄러워 인사할 시기를 놓치지 않도록 평상시에도 습관이 되도록 하는 것이 중요한다.

2) 인사의 5가지 핵심 포인트

가. **시선**– 인사는 상대방의 눈을 보며 하는 것이 중요하다.

나. **표정**– 인사는 진심을 다해 마음에서 우러나온다는 것을 표현해야 하기에 얼굴에 미소를 지으며 해야 한다.

다. **인사말**– 인사를 할 때에는 밝고 친근감 있는 목소리로 인사말을 해야 한다.

라. **동작**– 인사 동작을 할 경우에는 가볍게 목만 숙인다거나 흐트러진 상태에서 하는 것이 아니라 절도 있고 확실하게 해야 한다.

마. **자세**– 인사 자세를 할 경우에는 상황에 맞는 인사법으로 자세를 바르게 하고 마음을 담아 인사를 해야 한다.

◆ 불쾌감을 주는 인사, 호감을 주는 인사

불쾌감을 주는 인사	호감을 주는 인사
망설이다가 하는 인사 건성으로 하는 인사 억지로 하는 인사 눈을 마주치지 않는 인사 고개만 까딱하는 인사 무표정으로 하는 인사	내가 먼저 하는 인사 마음을 담은 인사 반갑게 하는 인사 눈을 맞추는 인사 바른 자세로 하는 인사 밝은 표정으로 하는 인사

2. 인사의 종류

인사는 대상이나 상황에 따라 각각 다른 형식으로 예의를 표하게 된다. 인사의 종류는 허리를 숙이는 정도에 따라 나눌 수 있으며, 상대에 대한 공경의 마음을 많이 표할수록 허리를 깊게 숙이게 된다.

1) 목례 (약례, 반 경례)

미소 짓는 표정으로 시선은 상대방의 얼굴을 향하며 15도 정도의 각도로 3초 정도 인사를 한다.

- 복도나 길에서 동료나 윗사람을 자주 마주칠 때
- 가까운 동료나 아랫사람에 대한 답례
- 동료나 친한 사람, 아랫사람을 만났을 때
- 엘리베이터나 화장실, 복도 등 좁은 장소에서 제대로 인사 할 수 없는 경우
- 하루에 두 번 이상 만났을 경우
- 친절에 대한 가벼운 감사의 뜻
- 화장실, 목욕탕 등 여러 사람이 이용하는 장소에서 만났을 때
- 대화 중에 인사를 할 때

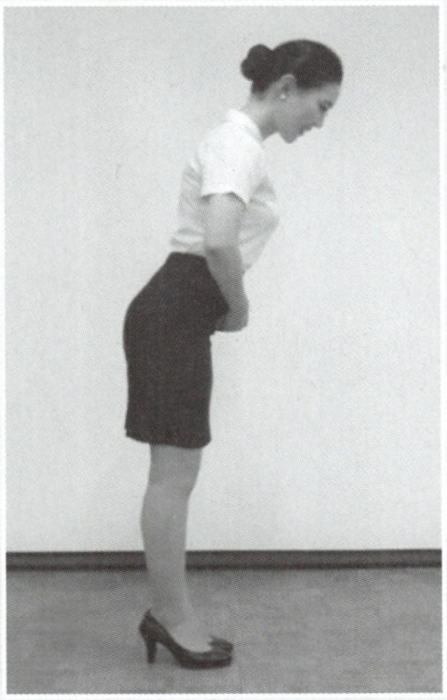

2) 보통례 (평상례, 보통인사)

가장 자연스럽게 보이는 일반적인 인사의 각도로서 일상생활에서 가장 많이 하는 인사법이다. "안녕하십니까?", "안녕히 가십시오" 등의 인사말을 사용할 수 있으며, 선 자세에서 상체를 30도 정도 숙여서 인사한다.

- 고객을 맞이하거나 배웅하는 경우
- 일상생활에서 어른이나 상사에게 인사하는 경우
- 가장 일반적이고 자연스러움

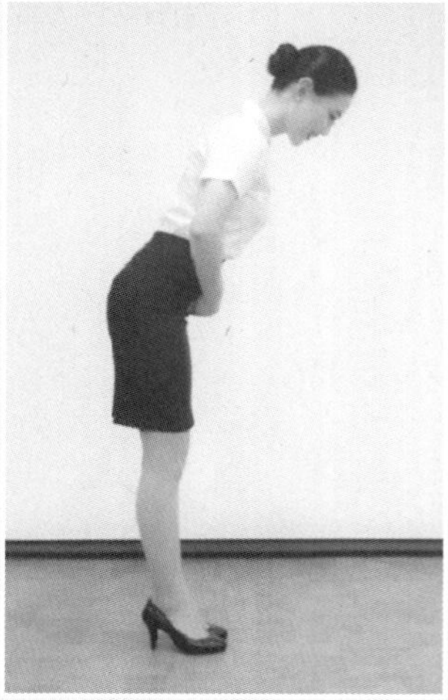

3) 정중례 (최경례, 큰 경례)

가장 정중한 인사로 정중히 사과하거나 감사의 마음을 전할 때 하는 인사법으로 "감사합니다.", "죄송합니다." 등의 인사말을 사용할 수 있으며, 상체를 45도 정도 숙여서 인사한다.

- 감사, 사죄의 표현을 하는 경우에
- 국빈, 국가원수, 집안 어른 등에게
- 결혼식 등 관혼상제, 회사에서의 행사 시
- VIP고객을 배웅할 때

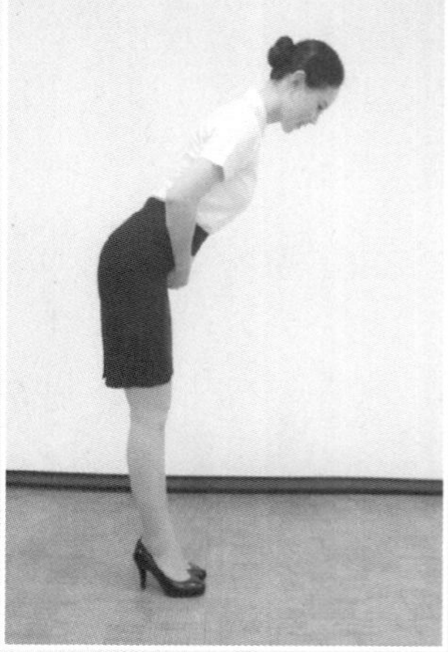

3. 올바른 인사법

올바른 인사자세는 인사하는 사람의 바른 자세와 올바른 동작으로 해야 하며, 상대를 부드러운 시선으로 바라보며 밝은 표정을 짓고 적절한 인사말을 건네야 한다. 올바른 인사의 실천은 고객이나 보는 사람의 마음을 흐뭇하게 하고 인사하는 사람의 인격과 매너를 드러내는 양식이므로 올바른 인사법을 연습하여 실천하도록 하자.

1) 인사자세

가. 공수(供手)법

- 공수는 전통적으로 내려오는 자세로 두 손을 앞으로 모아 잡는 공손한 자세이다. 손을 포갤 때에는 경사일 경우와 흉사일 경우가 다르다. 경사일 경우에는 남자는 왼손이 위로 가게 포개고, 여자는 오른손이 위로 가게 포개어 잡는다.
  단 한번, 공수법이 바뀌는 흉사일 경우에는 상장례일 경우로 남자는 오른손이 위로가게 포개고, 여자는 왼손이 위로 가게 포개어 잡는다. 상주는 물론 조상이나 문상하는 사람들 모두 평상시 공수법과 반대로 손을 포개어 잡는다.

나. 공수(供手)자세

- 어른들을 모시거나 의식행사에 참여해서 두 손을 마주잡아 공손한 자세를 취하는 것을 말한다.

① 머리 : 반듯하게 똑바로 한다.
② 어깨 : 자연스럽게 힘을 빼고 균형을 유지한다.
③ 등·허리 : 머리에서 허리까지 일직선이 되도록 곧게 편다.

④ 손 : 손가락은 부드럽게 오므리고, 여자는 오른손이 왼손 위로 오게 모으고, 남자는 반대로 왼손이 오른손 위로 오도록 한다. 손의 위치는 자연스럽게 아랫배쪽에 둔다. 그러나 남자의 경우 가볍게 주먹을 쥔 채로 바지 재봉선에 자연스럽게 붙여 차렷 자세로 인사를 하기도 한다.

⑤ 발 : 뒷꿈치를 붙이고 발끝의 각도는 남자는 30도, 여자는 15도 각도로 맞춘다.

다. 표정

① 평소 얼굴근육 운동을 통해 자연스러운 미소 만들기 연습을 한다.

② 밝고 부드러운 미소를 짓는다.

라. 시선

시선은 인사의 중요한 포인트라고 할 수 있다. 눈 맞춤이 없는 인사야말로 무성의하고 형식적으로 느껴진다. 인사를 하면서 시선을 피한다거나 엉뚱한 곳에 시선을 둔다면 큰 실례가 될 수 있다. 따라서 인사 전후에 상대방의 눈을 존중하는 마음을 담아 바라본다.

마. 인사말

인사를 할 때는 때와 상황, 상대에 따라 적절한 내용의 인사말을 함께 하는 것이 중요하다.

① 직장에서

상 황	인사말
출근할 때	안녕하십니까? 좋은 아침입니다.
퇴근할 때	안녕히 가십시오. 내일 뵙겠습니다.
식사 전 후 만날 때	(점심) 드셨습니까? (점심) 잡수셨습니까?
엘리베이터에서	먼저 실례하겠습니다. 먼저 내리겠습니다.
동료 앞을 지날 때	실례합니다. 잠시 지나가겠습니다.
업무를 요청할 때	부탁드리겠습니다. 해주시면 감사하겠습니다.
업무 협조가 이루어 질 때	고맙습니다. 수고하셨습니다. 덕분에 감사했습니다.
실수를 했을 때	죄송합니다. 실례했습니다.
손님이 오실 때	안녕하십니까? 어서 오십시오 무엇을 도와 드릴까요?
손님을 보낼 때	안녕히 가십시오. 찾아 주셔서 감사합니다.

② 축하인사

상 황	인사말
돌때	축하드립니다. 아이가 정말 예쁩니다
생일, 환갑, 칠순	(생신)축하드립니다. (생일)축하합니다. 더욱 건강하시기 바랍니다.
결혼 할 때	축하드립니다. 행복하시기 바랍니다
출산했을 때	축하드립니다. 순산하셨다니 반갑습니다.

③ 문병, 조문할 때

<table>
<tr><th colspan="3">상 황</th><th>인사말</th></tr>
<tr><td rowspan="4">문병</td><td rowspan="2">본인에게</td><td>들어가서</td><td>얼마나 고생이 되십니까?
좀 어떠십니까? (불의에 사고 시) 불행 중 다행입니다.</td></tr>
<tr><td>나올 때</td><td>빨리 나으시기 바랍니다.
속히 쾌유하시기 바랍니다.
몸 조리 잘 하시기 바랍니다.</td></tr>
<tr><td rowspan="2">보호자에게</td><td>들어가서</td><td>얼마나 걱정이 되십니까?
고생이 많으십니다.</td></tr>
<tr><td>나올 때</td><td>속히 나으시기 바랍니다.</td></tr>
<tr><td colspan="3">조문</td><td>얼마나 슬프십니까?
삼가 조의를 표합니다.
뭐라 드릴말씀이 없습니다</td></tr>
</table>

2) 인사의 5단계 순서

인사하기의 기본동작은 허리를 숙이는 동작, 멈추는 동작, 일어나는 동작으로 구분한다. 특히 멈추는 동작은 인사의 맵시와 절도를 나타내는 동작이므로 중요하다. 인사를 시작할 때와 끝낼 때 스마일과 함께 눈 맞춤을 반드시 해야 하고 상체를 숙일 때는 보통

머리만 숙이는 경우가 있는데 허리를 숙이며 머리와 등이 일직선이 되도록 한다. 허리를 펼 때에는 허리를 숙일 때보다 천천히 일어나서 정중한 느낌을 전달할 수 있게 한다.

1단계	바른 자세로 서서 Eye contact &Smile 유지한다.
2단계	상대방과 시선을 맞추고 미소를 지으며 상냥하게 인사말을 건낸다. 이때 고개는 반듯이 들고 다리, 목 등과 목을 펴고, 배를 끌어당기며 허리부터 숙인다. 턱은 자연스럽게 당기며 양손을 둥글게 쥐어 바지 옆선에 붙인다. 여자는 손을 앞으로 모으되 오른손을 왼손 위에 포개는 공수자세를 하며, 인사말과 함께 상체를 굽힌다.
3단계	머리, 등, 허리선이 일직선이 되도록 숙인 상태에서 잠시 멈춘다.
4단계	자연스럽게 상체를 천천히 올린다.
5단계	상체를 들어 올린 다음 똑바로 선 후 상대방과 눈을 마주치며 미소를 짓는다.

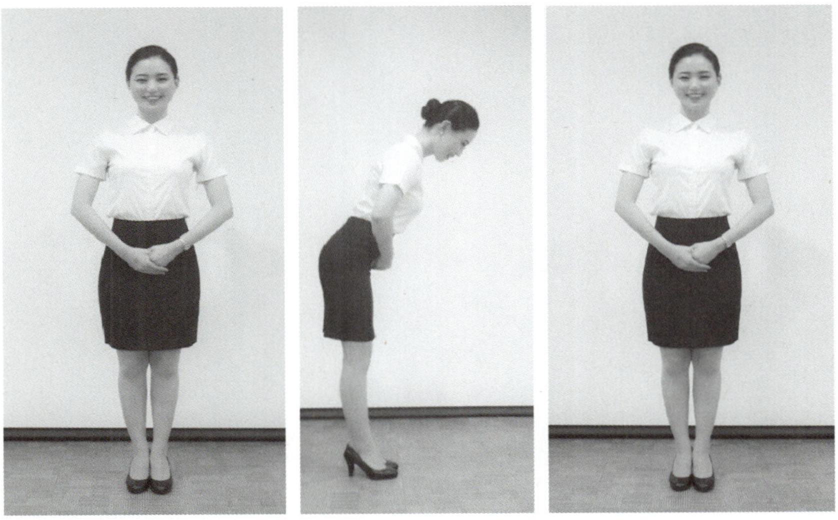

4. T.P.O(Time, Place, Occasion)에 따른 인사법

인사는 인간관계에서 있어서 꼭 필요한 예의 이기는 하지만 상황에 맞지 않거나 잘못된 인사는 하지 않는 것만 못하다. 따라서 시간과 장소, 상황에 따라 인사해야하며 바른 자세, 경쾌한 목소리, 밝은 표정으로 상황에 맞는 적절한 인사를 해야 한다.

1) 복도에서

가. 상대방과 시선을 맞추고 밝은 미소를 띠며 간단한 인사말을 건낸다.

나. 좁은 복도에서 마주 쳤을 경우에도 똑바로 걷는 것보단 사선 걸음으로 상대방의 공간을 배려해 주는 것이 좋다.

다. 복도 끝이나 모퉁이에서 만났을 때 상대방이 놀라지 않도록 한 걸음 물러서서 인사한다.

라. 상사가 멀리서 걸어오면 목례를 하고 가까워지면 호칭을 사용하여 인사를 하고 상사가 지나간 후에 움직이는 것이 공손해 보인다.

2) 출퇴근 시

가. 아침에는 활기찬 표정과 태도로 명랑한 인사를 나누고 윗사람이 들어서면 일어서서 인사를 한다.

나. 퇴근 시에는 서로 수고의 위로로 먼저 인사를 하고, '수고하셨습니다.', '고생하셨습니다.' 와 같은 인사말을 건낸다. 먼저 퇴근할 때에도 '먼저 가보겠습니다.', '도와드릴 일이 있습니까?' 라고 인사 하며 예의를 지키도록 한다.

다. 지각했을 경우에는 반드시 '늦어서 죄송합니다.' 라는 사과의 인사를 한다.

3) 협소한 공간

가. 엘리베이터와 같은 협소한 공간에서는 목례로 타인에게 불쾌감을 주지 않을 정도의 목소리 톤으로 인사말을 건낸다.

나. 공중목욕탕이나 화장실 같은 개인적인 장소에서는 눈이 마주쳤을 때는 간단한 목례나 눈인사 정도를 하거나 그렇지 않은 경우 생략해도 무방하다.

다. 식당에서 식사중인 상사에게 정중히 인사하는 것은 상대방을 불편하게 할 수 있기 때문에 가볍게 인사말만 전하는 정도가 좋다.

4) 멀리 있을 때

가. 먼 곳에서 서로 마주보고 오는 경우 눈이 마주치면 좀 빠르게 걷거나 뛰어가서 가까운 위치에서 허리를 숙여 인사한다.

나. 눈이 마주치지 않는 경우 천천히 걸어가서 근처에 다다랐을 때 상사가 놀라지 않게 약간 대각선 위치정도에서 조심스레 인사를 드린다.

다. 멀리서 서로 눈이 마주치고 바로 뛰어가기 어려운 경우에는 밝은 표정으로 목례하고 나중에 가까이 가서 인사드리면 된다.

5) 앉아 있을 때

가. 상사가 앉아 있을 경우 책상 앞까지 다가가서 보통례로 인사한다.

나. 동료라면 가볍게 목례정도 한다.

다. 열심히 업무에 몰두해 있는 상황에서는 일부러 인사를 하지 않아도 무방하며, 여유가 있는 상황에서 인사하면 된다.

6) 인사를 생략해도 되는 경우

가. 신경을 집중시키는 작업을 하고 있을 때

나. 상사에게 결재 중이거나 주의를 받고 있을 때

다. 회의 중이거나 교육 중일 경우

라. 중요한 상담 중이어서 방해 하면 안 되는 경우

Imagemaking

Communication

Interview

이미지메이킹에서 면접까지

제3장

표정

1. 표 정

1) 표정의 중요성

표정은 첫인상을 결정짓는 중요한 요소 중 하나이다. 우리가 사람을 제일 처음 보게 될 때 메러비안 법칙에 의하면 시각적인 이미지가 약55%를 차지하고 시각적 이미지 중에서 표정이 차지하는 비율은 80%이상을 차지한다고 볼 수 있다.

얼굴표정은 사람의 신체 중에서 가장 표현력이 있고 눈에 띄는 중요한 요소 중에 하나이므로 그 사람의 속마음을 나타내기도 하고 상대방의 기분을 판단하기도 하며 상대방에게 호감을 주느냐 못 주느냐를 결정하기도 한다.

표정은 마음의 창이며 심성의 분화구이다. 마음이 어두우면 표정이 흐리고, 심성이 악하면 표정이 표독질수 있는 것은 바로 표정이 마음의 거울이기 때문이다.

표정으로 거짓을 말하기는 어려우며, 굳어진 표정으로 밝고 아름다운 대화나 성공적인 만남이 이루어지기는 더욱 힘들 것이다. 그러므로 표정을 보면 그 사람의 마음속을 들여다 볼 수 있고 그 사람의 상태를 한눈에 알 수 있기 때문에 표정은 그 사람됨을 나타내는 전체라고 말한다.

따라서 생긴 것과는 상관없이 표정은 그 사람의 모든 것을 나타내준다고 해도 과언이 아니다. 바람직한 표정이란 평소에 마음가짐을 바르게 하고 자신의 교양을 부단히 쌓아 품위 있는 인격을 함양시켜야 나타나는 것이다.

취업을 대비한 면접뿐만 아니라 직장생활을 할 때 좋은 이미지를 만들고 지속적으로 상대방의 마음을 열기 위해서는 무엇보다도 호감을 주는 표정을 유지하는 것이 바람직하다.

표정은 대인관계나 사회생활의 출발점이므로 평상시 고객이나 상사를 대할 때 밝고 명랑한 표정으로 대하는 것이 좋다. 내가 좋은 모습을 보여주면 상대방도 나에게 좋은 모습으로 대하기 마련이다.

표정의 중요성을 요약해 보면 다음과 같다.

가. 표정은 첫인상에 작용하여 이미지를 결정짓는다.
나. 첫인상이 좋아야 그 이후의 대면이 가능해지며 호감이나 호의적인 태도를 형성할 수 있다
다. 밝은 표정은 환영을 의미하고, 자신감을 갖게 해주며 소극적인 태도를 적극적으로 변화할 수 있게 한다.

라. 상대방의 표정은 나로 인해 결정된다. 나의 표정이 밝고 환하면 보는 이로 하여금 즐겁게 만드는 효과가 있는 것이다.

마. 밝은 표정은 인간관계의 기본이며 성공한 사람들의 공통점이다.

우리의 표정은 어떤 이미지일까?

사람의 얼굴은 80여개의 근육으로 이루어져 있으며, 이 중 우리가 희노애락을 표현하는데 사용되는 근육은 50여개 정도 이고 이 근육으로 만들 수 있는 표정의 수는 7000여 가지에 이른다. 과연 우리는 몇 가지의 표정을 가지고 있을까?

아침에 일어나서 저녁에 잠자리에 들 때까지 하루 종일 나의 표정 중 어떤 표정을 제일 많이 지었는지 스스로 생각해보자.

표정의 중요성
24시간-(거울 보는 시간+잠자는 시간)=타인에게 보여지는 시간

하루 24시간 중 내가 내 자신을 보는 시간보다 오히려 타인에게 보이는 시간이 더 많다는 것을 알 수 있다. 이는 인간은 수많은 사람들과의 관계 속에서 살아가는 사회적 동물이라는 점에서 많은 부분을 시사해주고, 원활한 인간관계와 사회생활을 위해서 자신의 표정 이미지가 얼마나 중요하고 많은 영향을 미치는지 말해준다.

"즐거워서 웃는 것이 아니라 웃기 때문에 즐거운 것이다" 라는 말이 있듯이 항상 밝은 표정을 짓기 위해 노력한다면 우리의 삶도 즐겁고 행복한 삶으로 바뀔 수 있을 것이며 나의 이미지 또한 긍정적으로 변화할 수 있을 것이다.

2) 웃음의 플러스 효과

웃음은 면역력을 높여주며, 스트레스로 인해 나타나는 불안, 우울, 분노, 신경증 등을 완화하는 효과가 있다. 또한 인간 상호관계, 반응, 기억력, 기민성 등의 정신 기능에도 긍정적인 영향을 주어 개인의 건강증진 효과뿐만 아니라 긍정적 감정의 경험으로 .삶의 전반적인 만족감을 향상시켜 개인의 안녕과 더불어 조직에서의 몰입도 및 생산성 향상 등 개인과 조직의 변화에 긍정적인 영향을 미친다.

가. 이미지 플러스 효과

- 사람들은 사진을 찍을 때나 자신을 아름답게 표현을 하고자 할 때 대부분 웃는 표정을 연출한다. 그만큼 웃는 모습은 자신을 가장 아름답게 만들어 주기도 하지만 다른 사람들로부터 호감을 살 수 있는 가장 중요한 요소이기도 하다. 또한 잘 웃는 사람 주변에는 늘 많은 사람들이 따르듯이 웃음은 우리 생활에 막강한 영향력을 준다.

나. 헬스 플러스 효과

- 미국의 "조일 굿먼 박사" 에 의하면 하루에 15번 이상 웃는 사람은 의사를 멀리 할 수 있다고 했다. 또 어떤 학자들은 하루에 세 번만 크게 웃으면 아침 조깅을 한 것과 똑같은 효과가 있다고도 했다. 이와 같은 연구 결과를 봐도 알 수 있듯이 웃음이 건강에 좋다는 것은 여러 학자들의 공통된 견해이다. .

다. 서비스 플러스 효과

- 웃음은 서비스맨의 풍채와 인상을 좋게 해주어 고객으로 하여금 호감과 친밀감을 느끼게 해준다. 또한 수많은 고객을 상대하는 고달픈 상황에서도 활력을 불어 넣어 주어 영업실적의 증대를 가져오는 효과가 있다.

2. 비 호감 인상과 호감 인상

1) 비 호감 인상

가. 끝이 올라간 눈썹

- 화난 표정을 지을 때 안쪽 눈썹은 내려가고 바깥쪽은 올라가는 모양새가 된다. 그래서 눈썹이 올라가 있으면 성격이 거세 보이기 마련이고 이는 선천적으로 타고 나기도 하지만 수십 년간 반복되는 표정에 의해 굳어지기도 한다.

나. 주름진 미간

- 걱정이 잠겨 있거나 화를 낼 때는 보통 눈썹을 찡그리게 되고 동시에 미간에 주름이 진다. 이를 반복하면 미간 주름이 고착화되어 가만히 있더라도 근심이 있거나 화난 사람처럼 보인다.

미간 주름은 비단 상대방에게 안 좋은 인상을 줄 뿐 아니라 자기 자신에게도 우울한 감정을 유발한다. 미간에 주름이 있으면 자기도 모르게 표정을 찌푸리게 되고 부정적인 기분이 든다. 한 연구 결과에 따르면 미간 주름을 개선하는 것만으로 우울증 개선에 효과를 보였다고 한다.

다. 처진 광대뼈

– 어린 아이들을 보면 앞 광대가 볼록하게 차올라 있다. 하지만 나이가 들면서 중력의 영향을 받아 앞 광대부위의 지방층과 근육이 아래로 쳐져 눈 밑이 꺼지고 팔자 주름이 진다. 눈 밑이 꺼지면 피로해 보이고 차가운 인상을 주며 팔자 주름은 대표적인 '노안 주름' 으로 불릴 정도로 나이를 많아 보이게 한다.

라. 처진 입 꼬리

– 눈썹과 더불어 표정을 가장 많이 드러내는 부위가 입술이다. 웃을 때는 입 꼬리가 올라가고 슬플 때는 내려가기 때문에

사람은 자연스럽게 입 꼬리가 올라간 인상을 선호한다. 일반적으로 한국인의 볼 굴대(입 꼬리 주변 근육)는 서양인에 비해 낮은 곳에 위치하기 때문에 가만히 있어도 우울해 보이기 쉽다. 그래서 습관적으로 웃는 인상을 짓는 연습을 하는 것이 좋다. 또 입 꼬리를 올리더라도 윗입술까지 위로 들려 잇몸이 보이는 모습은 그리 좋지 않다. 이는 동물이 이빨을 드러내며 위협하는 모습을 연상시키기 때문에 이를 '송곳니 미소' 라고도 부른다.

2) 호감 인상

가. 부드러운 눈썹

- 눈썹 끝이 내려가 있는 사람은 상대방에게 신뢰감을 준다는 연구 결과가 있다. 눈썹 끝을 꼭 내릴 필요는 없지만 인상이 거세 걱정인 사람이라면 눈썹부터 체크하자.
  눈썹형태가 인상에 미치는 영향력은 생각보다 크다. 사람은 반가운 일이 있을 때 눈썹을 들어 올리는 표정을 짓게 되므로 인사할 때 양 눈썹을 들어 올리는 표정을 짓는 것도 좋다.

나. 자연스런 미간

- 눈썹과 눈을 찡그리는 표정을 자주 지으면 생기는 미간 주름, 의식적으로 미간을 찡그리지 않는 것만으로 얼굴표정 전체가 밝아진다.

다. 볼록한 광대

- 똑같은 얼굴이라도 웃는 표정을 지을 때에는 앞 광대가 위로 볼록 올라가 차오르고 시무룩한 표정을 지으면 앞 광대의 근육이 처져 피로해 보인다. 시무룩한 표정을 하고 있을수록 노화도 빨리 진행된다.

라. 올라간 입 꼬리

– 자연스러운 미소와 웃는 인상은 보는 사람을 기분 좋게 한다. 입술을 양 옆으로 당긴 상태에서 양 끝을 위로 올리는 표정을 자주 지으면 광대 부위가 위로 올라가 앞 광대가 볼록해지는 효과도 있고 입 꼬리 양쪽이 올라간다.

3. 아름다운 미소

1) 미소의 중요성

"안녕하십니까? 어서 오십시오, 무엇을 도와드릴까요?" 라는 말과 함께 밝은 미소가 동반되어진다면 그 친절함이 가장 효율적으로 전달될 것이다. 만약 무표정이나 좋지 않은 표정으로 말을 했다면 과연 도와줄 의도가 있는 건지 의심이 들 수도 있다.

미소는 상대방에게 호감을 줄 수 있고, 긍정적인 반응으로 이끌어 낼 수 있기 때문에 최고의 인간관계 효과를 만들어 낼 수 있으며, 편안한 분위기 연출로 신뢰감을 향상시킬 수 있다.

이와는 반대로 표정이 좋지 않은 사람은 다가가기 어렵고 불편한 감정을 불러일으키거나, 부정적인 선입견을 가지게 되기 쉽다.

그러므로 미소는 상대방의 마음을 여는 열쇠이며 그만큼 많은 연습과 노력이 필요하다.

효과적인 미소의 연출은 다음의 조건이 전제되어야 한다. 첫째, 상황에 어울려야 한다. 둘째, 가볍고 자연스러운 미소를 연출해야 한다. 셋째, 진심으로 나타내는 미소가 바람직하다.

2) 미소의 효과

웃는 얼굴에 침 못 뱉는다는 속담이 있다. 우리의 표정은 상대에게 뿐만 아니라 스스로에게 여러 가지 효과를 준다.

가. 마인드 컨트롤

- 웃는 행동은 기분을 좋게 하고 천연 진통제로 작용하는 엔돌핀과 도파민, 세로토닌의 방출을 촉발시킨다.

미국 포스트 파텀 스트레스 센터 대표이사 카렌 클레이만은 산후 우울증을 겪고 있는 환자에게 웃음 치료법을 적용한 결과 활짝 웃을 때 기분을 좋게 하는 엔돌핀이 분비되어 신체에서 긍정적인 생리적 변화가 일어난다고 하였다. 그러므로 밝은 표정을 지으면 기분이 좋아질 뿐만 아니라 마음의 평온함을 느낄 수 있다.

나. 감정이입 효과

– 우리는 하품이나 재채기만 전염되는 행동으로 알고 있는 경우가 많다. 하지만 웃음도 전염이 된다. 연구에 따르면 웃는 것은 행복감과 즐거운 환경에 대한 자연적인 반사 반응이라고 한다. 이는 웃는 행동 자체가 행복하게 만들고 다시 행복감으로 인해 웃게 되어 긍정적인 순환이 이루어지는 것을 말한다. 또 다른 연구에 의하면 웃는 사람에게는 자동적으로 사람들이 끌리는 것으로 나타났으며 이는 웃는 것이 자신의 기분에 영향을 줄 뿐만 아니라 다른 사람에게 더 매력적으로 보이게 만든다는 것을 의미한다. 따라서 웃음은 자신 뿐 아니라 상대의 기분까지 좋게 만든다.

다. 호감형성

– 밝은 표정은 자신의 인상을 좋게 해주며 상대방으로 하여금 호감과 편안한 기분이 들게 한다. 이는 인간관계를 맺을 때 반드시 필요한 부분이며 인간관계를 지속가능하게 함으로써 좋은 인적 네트워크를 형성하게 된다.

라. 실적향상

– 윈스턴 처칠 전 영국 수상은 비관론자는 모든 기회 속에서 어려움을 찾아내고 낙관론자는 모든 어려움 속에서 기회를 찾아낸다고 하였다.

웃는 사람이 더 많이 성공한다는 연구 결과도 있듯이 더 많이 웃을수록 뇌의 부정적인 성향을 더 많이 퇴치하고 웃는 뇌를 재설계해 긍정적 패턴에 적응할 수 있도록 한다. 특히 비즈니스 세계에서 강력한 것인 행복감은 당신 주위에 만족감과 마음의 평화, 성공의 기운을 만들어 다른 사람이 자연스럽게 끌리게 하며 상호간의 밝은 표정으로 업무의 효율성을 증진시키며 일의 능률뿐 아니라 실적 또한 향상되게 한다.

마. 건강 증진

- 연구에 따르면 웃는 것은 일상생활에서 발생하는 각종 스트레스를 극복하는데 도움이 된다고 한다. 연구팀은 169명의 실험 참가자를 대상으로 3가지의 얼굴표정 중 한 가지를 지어보라고 했다. 그리고 스트레스를 증가 시키는 상황에서 심장 박동수를 측정했다. 그 결과 웃는 표정을 지을 때 신체의 스트레스 반응이 감소하고 심박수와 혈압이 현저하게 떨어지는 것을 볼 수 있었다. 이런 결과로 보아 밝고 긍정적인 마음은 본인의 마음을 편하게 하여 건강에도 도움이 되고 웃음 또한 스트레스 해소와 상호간의 관계를 좋게 하여 스트레스를 줄일 수 있으므로 건강을 증진시킨다는 것을 알 수 있다.

3) 표정 훈련

나이가 든 사람의 얼굴의 표정을 보면 그 사람이 지금껏 어떻게 살아왔는가를 알 수 있다고 한다. 마음속에 불만이 있거나 우울한 사람은 근육이 모두 아래쪽으로 처져서 발달하고, 반면 항상 밝은 마음으로 살아온 사람들의 표정은 부드럽고 자연스럽게 주름이 생기는 것을 볼 수 있다. 이처럼 같은 주름이라도 그 주름의 느낌은 많이 다른 것이다.

이러한 얼굴 표정도 일정한 훈련으로 숙달시킴으로써 자연스런 연출이 가능하다.

가. 눈 운동

- 눈썹

눈썹은 자연스런 얼굴의 표정을 연출하는데 있어서 중요한 부분이다. 또한 화가 나거나 짜증이 날 때 가장 먼저 변화가 나타나는 것이 눈썹과 이마 주변의 근육들이며, 수축과 이완 동작을 통해 힘을 주지 말고 눈썹 주변의 근육을 풀어야 부드러운 인상을 만들 수 있다.

- 양손의 검지 손가락을 수평으로 해서 눈썹에 가볍게 붙인 상태로 눈썹만 상하로 움직여 준다.
- 이마의 주름이 생기도록 눈썹을 올렸다가 3초 후에 내리는 동작을 반복한다.
- 한번에 5회 실시한다.

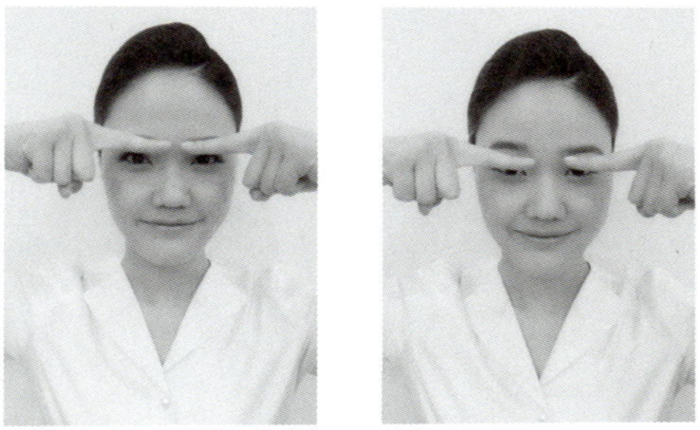

- 눈

총명하고 밝은 눈빛은 타인에게 신뢰감을 줄 수 있다. 그러나 눈이 피로하면 눈꺼풀과 눈 밑이 거뭇거뭇해지고 생기 있는 느낌을 줄 수가 없으며 시력 또한 떨어지므로 눈의 피로는 그때그때 풀어 주어야 한다.

- 먼저 조용히 눈을 감고 마음을 안정시킨다.
- 마음이 안정되면 눈을 떠서 눈동자를 상->하->좌->우로 돌린다.
- 눈동자를 위에서부터 원을 그리며 시계방향으로 천천히 돌려준다.
- 눈동자를 위에서부터 원을 그리며 반시계방향으로 천천히 돌려준다.
- 이러한 동작을 2~3회 반복한다.

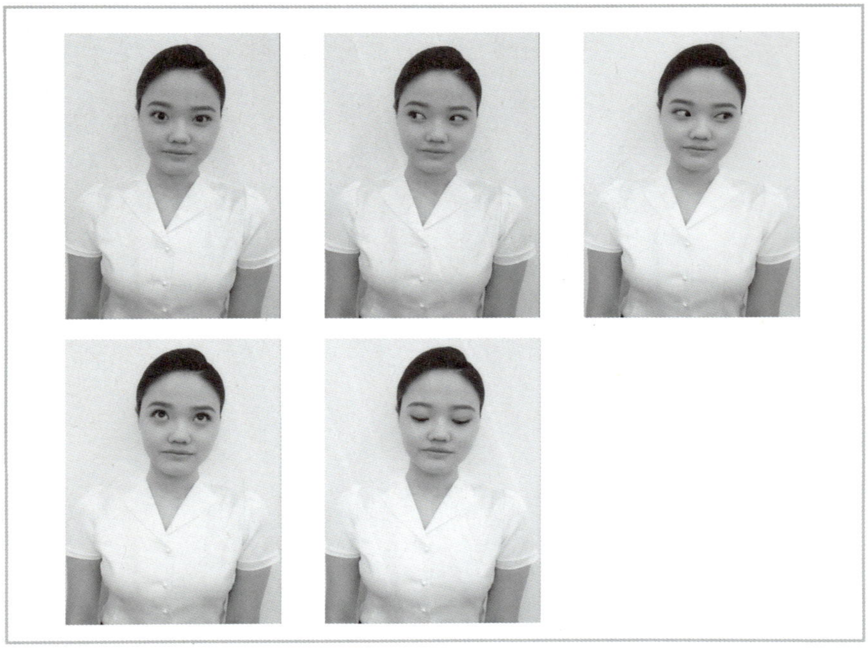

나. 볼 운동

– 입모양이 활짝 열리기 위해서는 우선 뺨에 있는 큰 광대근이 유연하게 풀려있어야 입 꼬리를 활짝 당겨 줄 수 있다.

- 풍선을 불듯이 입안에 공기를 빵빵하게 넣는다.
- 볼이 탱탱해지도록 공기를 불어 넣는다.
- 입을 다문상태에서 오른쪽, 왼쪽, 위, 아래로 3회 정도 반복해 움직인다.
- 양 볼을 부풀린 후 갑자기 꺼지게 하는 것을 3회 정도 반복한다.

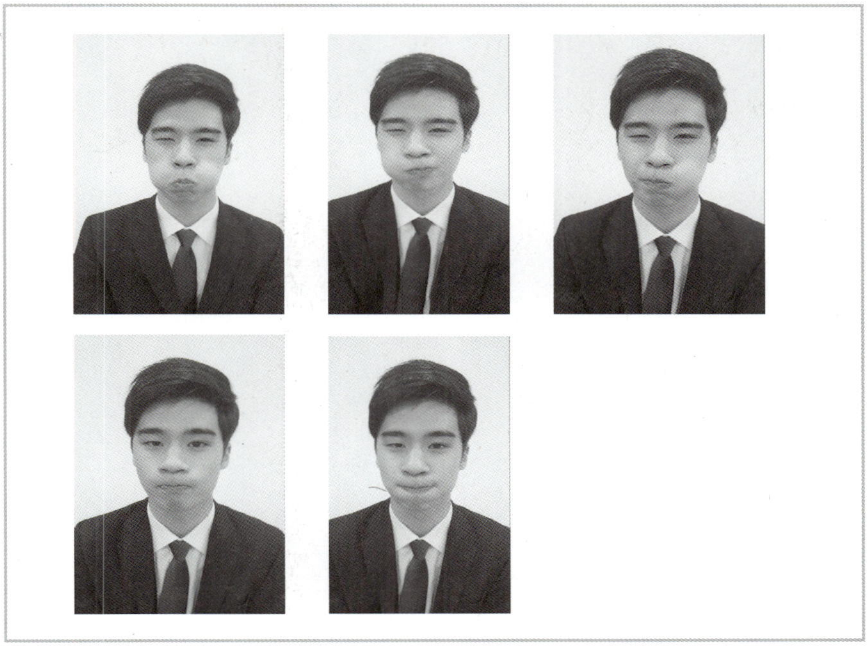

다. 입 운동

- 자연스러운 미소를 연출하기 위해서는 무엇보다도 입 꼬리가 환하게 올라갈 수 있어야 한다. 입 꼬리가 쳐진 입모양은 우울하고 불만이 있는 것처럼 보이기 때문이다.

- 양 입술 사이에 종이 한 장 문 느낌으로 살짝 다문다.
- 양 끝을 '이' 하면서 쭉 벌리고, '우' 하면서 내민다.
- 이와 같은 동작을 3회 반복한다.

- 발성 연습을 통한 입 주위 근육을 풀기 위한 운동

- 배에 힘주고 아랫배는 당기고, 발음은 정확히, 입은 크게 한다.
- '하' (손가락 세 개가 들어갈 수 있을 정도 크게 벌린다.)

- '히' (입 부분이 귀까지 당을 수 있을 정도 크게 벌린다.)
- '후' (입을 앞쪽으로 쭉 내민다.)
- '헤' (타원형을 만든다.)
- '호' (입을 둥글게 앞쪽으로 내민다.)

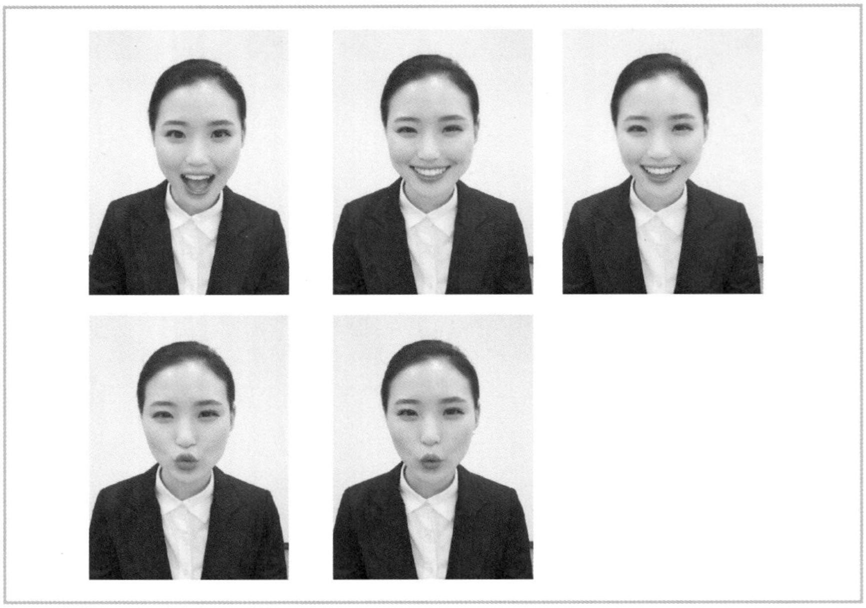

4) 미소 만들기

얼굴 근육운동은 아침 기상 후, 면접 전에 근육을 이완시키기 위해 반드시 실시하며 평상시에도 수시로 표정 연습을 하는 것이 좋다. 미소가 자연스럽지 못하거나 미소를 유지할 때 얼굴에 경련이 일어나는 경우가 있기에 매력적인 웃음을 연출하기 위해서는 근육 훈련과 함께 웃는 표정을 만드는 연습을 해야 한다.

가. 미소 만들기

① 눈썹을 올리면서 눈을 몇 번 떠준다.
② 양쪽의 눈을 번갈아 가며 윙크한다.
③ 입에 바람을 넣고 입안에서 굴려준다.
④ '후' 소리를 내듯 입을 쭉 빼준다.
⑤ 입안에 바람을 넣고 빵빵하게 만든다.
⑥ 양 입 꼬리를 손가락으로 두 번 쭉 올려준다.
⑦ 아름다운 미소를 만들기 위해 윗니가 8개 이상 보일 때까지 환하게 웃는다.

Imagemaking Communication Interview

이미지메이킹에서 면접까지

제4장

자세

1. 자세

표정으로 상대방의 마음을 알 수 있고, 자세는 그 사람의 인격과 인품의 판단의 근거로 삼을 수 있다. 대부분 사람들은 마음가짐이 우리의 태도나 표정을 만든다고 하지만 진정한 프로들은 오히려 바른 자세에서 그 사람의 마음가짐을 더욱 견고하고 바르게 만든다고 한다.

바른 자세는 좋은 외적 이미지 형성의 기본적인 필수조건이며 언어의 의미를 더해주는 보조적 역할을 하기도 한다. 대화의 내용에 따라 적절한 자세를 취하는 것은 상대에 대한 예의로 받아들여지기도 하며 상대를 평가하는 기준이 되기도 한다. 또한 다른 사람들에게 기품 있고 안정된 분위기를 줄 수 있으며, 자세의 좋고 나쁨에 따라 상대방에게 직접 호감을 줄 수도 있고 불쾌감을 줄 수도 있다.

하지만 자세는 오랜 습관으로 이루어진 경우가 많으므로 꾸준한 노력을 기울여야 자연스럽고 바른 자세를 유지할 수 있다.

1) 서 있는 자세

선 자세는 모든 자세의 기본이 되므로 서 있는 자세가 바르지 않으면 그와 연관된 다른 자세 또한 바르게 될 수 없다. 선 자세에서 중요한 것은 양쪽다리에 체중을 균등하게 실어 몸의 중심이 어느 한쪽으로 쏠려 기울어지는 일이 없도록 하는 것이다.

① 몸 전체를 곱게 펴고 가슴을 자연스럽게 내민 후 등이나 어깨에 힘을 뺀다.
② 정면을 본 상태에서 턱을 약간 당겨준다.
③ 아랫배에 힘을 주어 당기고 양 무릎은 붙이도록 한다.
④ 발뒤꿈치는 붙이고 발끝은 11자 또는 V형으로 한다.
⑤ 몸 전체의 무게 중심을 뒤꿈치가 아닌 발바닥 전체에 두어 안정감 있게 선다.
⑥ 여성의 경우 공수자세를 유지한다.
⑦ 남성의 경우 공수자세도 가능하나 팔을 자연스럽게 내리고 양손을 가볍게 쥐어 바지 재봉선에 붙이는 차렷 자세로 유지한다.

2) 걷는 자세

현대 사회인에게 필요한 걸음걸이는 활달하고 당당한 걸음걸이이다. 건강에도 연결되는 걷기는 가장 많이 반복되는 신체활동이다. 올바른 걸음걸이는 통증을 예방, 치료할 뿐 아니라 신체의 모든 근육을 강화시켜 탄력적이고 매력적인 몸매를 가꾸는 데도 도움이 된다. 바른 걸음걸이는 신발이 닳은 모습만 보아도 알 수 있다. 뒤쪽 바깥 면과 앞쪽 안면이 골고루 닳았다면 체중이 올바르게 분산된 상태로 걷고 있는 것이다.

① 상체를 곧게 유지하고 발끝은 평행이 되게 하며 무릎을 스치듯이 11자로 걷는다.

② 시선은 정면을 향하고 턱은 가볍게 당기며, 배는 안으로 당기며 어깨나 엉덩이가 흔들리지 않도록 주의한다.

③ 발끝 -> 발바닥-> 발뒤꿈치 순으로 발바닥 전체가 닿는 느낌으로 걸으며 쿵쿵 소리가 나지 않도록 주의한다.

④ 손은 손바닥이 안으로 향하도록 하고 팔은 겨드랑이 15도, 팔꿈치 45도로 자연스럽게 흔들며, 양손 끝이 옆 재봉선을 스치도록 하여 걷는다.

⑤ 뒤꿈치를 끌지 않도록 주의하고 발걸음을 가볍게 한다.

⑥ 보폭은 자신의 어깨넓이만큼 걷는 것이 보통이나 굽이 높은 구두를 신었거나 타이트한 스커트를 착용 했을 때는 보폭을 줄인다.

⑦ 걸음의 속도는 활기차고 자신감 있게 보이기 위해 천천히 걷는 것 보다는 경쾌한 리듬을 가지고 걷는 것이 좋다.

⑧ 걸을 때도 미소를 짓는다.

⑨ 팔짱을 끼거나 뒷짐을 지거나 주머니에 손을 넣고 걷지 않는다.

3) 앉은 자세

앉는 자세는 대체로 의식하지 않고 긴장하지 않으면 털썩 주저 앉거나 자세가 흐트러진 상태로 일어서기 쉽다. 특히 면접장이나 공공장소, 지하철 등 대중교통을 이용하면서 보면 각양각색으로 앉아 있는 모습을 보게 되는 경우가 많은데 때로는 인상을 찌푸리게 하는 경우도 종종 볼 수 있다. 앉은 모습으로 그 사람의 교양정도를 가늠한다고 할 정도로 바르게 앉고 일어서는 행동은 본인의 이미지 형성에 중요한 부분을 차지한다고 하겠다.

가. 남성

① 의자의 반보 앞에 바르게 선 자세에서 한 발을 뒤로 하여 의자 깊숙이 앉고 등받이와 등 사이에 주먹 1개 정도의 간격을 둔다.
② 앉은 자세에서 남성은 무릎사이에 주먹 2개 정도의 거리를 두고 발끝은 11자로 한다.
③ 턱은 당기고 시선은 정면을 향하게 하고 미소를 짓는다.
④ 양손은 자연스럽게 주먹을 쥐어 양 무릎위에 올려놓는다.
⑤ 앉은 상태로 상대를 응시할 경우에는 상대의 타이 매듭 부분을 응시한다.
⑥ 일어날 때는 양 발에 힘을 동시에 주어 균형감 있게 한 번에 일어난다.

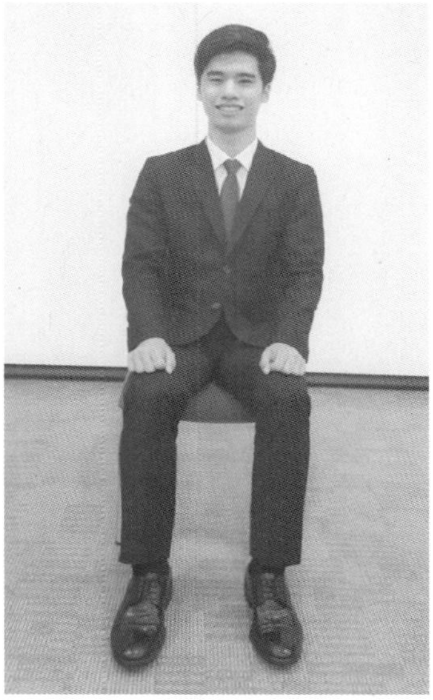

나. 여성

① 의자의 반보 앞에서 바르게 선 자세에서 왼쪽 발을 반보 뒤로 가져간다.
② 몸을 비스듬히 하여 어깨너머로 의자의 위치를 확인한다.
③ 왼손으로 뒤쪽 스커트 자락을 누르고(스커트의 뒤트임이 보통 오른쪽으로 되어있기 때문) 오른손으로는 앞쪽 스커트를 살며시 눌러주며 의자 깊숙이 앉는다.
④ 앉은 자리에서 발끝을 붙여 가지런히 하여 무릎을 붙인다.
⑤ 여성의 경우 앉은 자세에서 다리를 왼쪽으로 비스듬히 하면 여성스러워 보이며 다리가 길어 보이는 효과가 있다.
⑥ 양손을 모아 무릎 위 스커트를 누르듯이 가볍게 올려놓는다.
⑦ 어깨를 펴고 미소와 함께 시선은 정면을 응시한다.
⑧ 일어날 때는 한발을 뒤로 살짝 뺀 후 무릎의 힘으로 한 번에 일어난다.

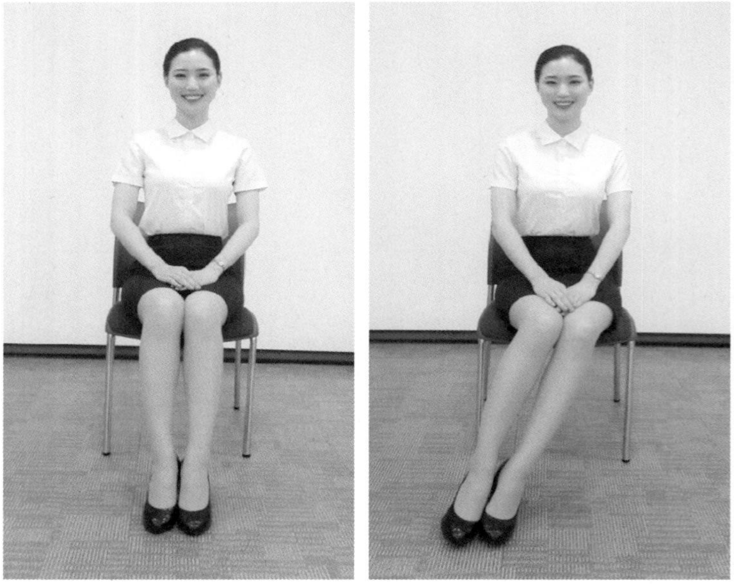

2. 안내 자세

1) 방향안내

① 방향을 가리킬 때는 손가락을 가지런히 모아 손바닥이 위로 향하지 않도록 하고 손가락이 아니라 손 전체로 방향을 가리킨다.
② 가까운 거리를 안내할 때는 팔꿈치를 구부리고, 먼 거리를 안내할 때는 팔을 펴서 안내한다.(팔꿈치의 각도로 거리를 나타낸다.)
③ 고객의 바로 앞에 서서 이동하기보다는 대각선 방향으로 2~3걸음 앞에서 고객과 보조를 맞춰 가면서 이동한다.
④ 안내 시 시선과 안내말, 자세, 손 전체를 이용하여 안내하도록 한다.
⑤ 오른쪽을 안내할 때는 오른손을, 왼쪽을 안내할 때는 왼손을 사용한다.
⑥ 고객이 길을 물을 때는 고객질문에 복창하면서 시선은 3점법을 이용하여 안내한다.
상대방의 눈-> 가리키는 방향-> 상대방의 눈
⑦ 방향을 가리키지 않는 한손은 가볍게 아랫배 위에 올려놓고 상체를 약간 숙이면 좀 더 정중한 표현이 된다.

2) 복도에서 안내 법

① 안내할 장소를 말해준다.

② 고객보다 대각선 방향으로 2~3보정도 앞에서 걸어가며 안내한다.

- 상사 수행 시에는 2보 뒤에서 따라간다.
- 고객의 보행 속도에 맞추어 걷는다.
- 가끔씩 뒤돌아보며 고객을 확인한다.

③ 모퉁이를 돌거나 걷는 방향을 바꿔야 할 때는 가야 할 방향을 미리 제시한다.

- 손을 가지런히 모아 방향을 제시한다.

3) 엘리베이터에서

① 엘리베이터를 탈 때에는 아무도 없는 경우에는 "먼저, 실례합니다." 라고 말하면서 탄 뒤에 열림 버튼과 층을 누르고 고객이 타실 수 있도록 권하며, 이미 사람이 있는 경우에는 문을 한 손으로 잡고 고객이 먼저 타도록 한다.

② 내릴 때에는 고객이나 상사가 먼저 내리고 그 뒤에 따라 내린다.

4) 계단에서 안내 법

① 고객에게 층수를 미리 말해준다

② 고객이 계단의 안쪽, 즉 손잡이 쪽에서 걷도록 배려한다.

③ 올라갈 때에는 남성 고객이 먼저 오르나 여성고객일 때는 안내자가 먼저 올라간다.

④ 내려갈 때는 안내자가 먼저 내려가나 여성고객일 때에는 고객이 먼저 내려가게 한다.

5) 입구 문 안내 법

① 앞으로 당기는 문은 손잡이를 잡아당겨 고객이 먼저 들어간 후 조용히 문을 닫는다.
② 밀고 들어가는 문은 안내자가 먼저 들어간 다음 손잡이를 잡고 고객이 들어오도록 한다.
③ 회전문일 경우 수동문이면 고객에게 양해를 구하고 먼저 들어가 문을 밀어들이고, 자동문이면 고객이 먼저 들어가도록 하고 안내자가 뒤 따른다.
④ 미닫이문은 문을 열고 손님이 들어가게 한 후 문을 닫는다.

6) 물건 수수시

① 밝게 웃으며 호칭을 부르고 건네야 할 물건을 말한다.
② 고객의 눈 → 건네는 물건 → 고객의 눈
③ 상체를 약간 숙이고 가슴과 허리선 사이에서 두 손으로 물건을 건넨다.
④ 고객이 보기 쉽게, 받기 쉽게, 사용하기 쉽게 바른 방향으로 건넨다.
  - 볼펜과 같은 가늘고 뾰족한 물건을 전할 때는 볼펜의 가늘고 뾰족한 부분이 상대의 몸 쪽으로 향하지 않도록 건네준다.
⑤ 전달한 이후에는 가볍게 목례를 한다.
⑥ 물건을 전할 때는 반드시 두 손으로 물건을 전하고 작은 물건은 한 손을 다른 한 손으로 받쳐서 건네주는 것이 공손해 보인다.

제5장

메이크업 이미지

1. 메이크업의 이해

1) 메이크업의 개념

메이크업은 사전적 의미로는 '보완하다.', '완성시키다.' 라는 뜻으로 결점을 커버하고 장점을 더욱 더 아름답게 보이도록 꾸미고 매만지는 행위를 뜻한다. 우리말로는 '화장'을 의미하며 '분, 연지 등을 바르고 매만져 얼굴을 곱게 꾸밈' 또는 '머리나 옷의 매무새를 매만져 맵시를 냄' 으로 정의되고 있다.

인간은 태어나면서부터 아름다워지고자 하는 미적 본능을 가지고 있으며 이를 표현하는 것이 메이크업이다. 메이크업은 아름다움을 표현하는 한 방법으로써 그 시대의 문화를 반영하며 발전하고 있으며 인간의 신체를 바탕으로 표현하고 있다.

또한 메이크업은 단순히 얼굴에 칠하고 그려 넣는 작업만을 의미하는 것이 아니라 내적인 면을 외적으로 표현함으로써 내적인 정신세계까지 영향을 주기도 하고, 타고난 얼굴의 단점을 커버하고 장점을 돋보이게 하여 내적 정신세계와 외적 감각을 종합하여 표현하는 창의적인 종합예술활동이라고 할 수 있다.

2) 메이크업의 목적

메이크업을 하는 목적은 아름다워지고 싶은 인간의 미적 욕구를 충족시키고, 유해한 환경으로부터 피부를 보호하기 위해서이다. 뿐만 아니라 심리적인 만족감과 자신감으로 사회생활을 함에 있어 도움을 받을 수도 있기 때문이다. 이렇듯 메이크업은 단순한 아름다움을 추구하는 목적뿐만 아니라 감성에 작용하는 심리와 사회적인 효과를 줌으로써 그 중요성이 커지고 있다. 최근에는 상대방에 대한 기본적인 예의라는 사회적 인식이 형성되고 있기 때문에 사회생활을 하는 여성에겐 필수가 되고 있다.

3) 메이크업 화장품의 정의와 분류

가. 메이크업 화장품의 정의

- 메이크업 화장품은 용모를 아름답게 변화시켜 피부를 아름답게 보이게 할 목적으로 사용되는 화장품으로 기초 화장품을 사용한 후 얼굴이나 손톱 등 신체에 도포하여 색채감을 부여하는 기능을 한다. 그리고 피부색을 아름답게 표현하고 기초 화장으로 커버할 수 없는 피부의 결점을 보완하여 건강하고 매력적인 상태로 보일 수 있게도 한다.

  또한 외형의 아름다움을 추구하는 미화의 기능, 사회에서 갖는 지위, 직업, 신분을 표시하고 사회적 관습을 나타내는 사회적 기능, 자신의 사고방식이나 가치추구, 성격을 나타내는 심리적 기능 등 다양한 기능을 한다.

  이밖에도 메이크업은 외부의 먼지, 자외선, 대기오염, 온도의 변화로부터 우리의 피부를 보호하고 자신의 외모에 자신감과 능동적이고 적극적인 자세로 사회생활을 할 수 있게 해준다.

나. 메이크업 화장품의 분류

- 메이크업 화장품은 베이스 메이크업, 포인트 메이크업으로 분류 할 수 있다. 베이스 메이크업 화장품으로는 메이크업 베이스, 파운데이션, 파우더가 있다. 메이크업 베이스는 피부의 색조와 명암을 조절해주고 기초화장품과 메이크업 화장품의 밀착력을 증대시켜준다. 파운데이션은 피부의 결점을 커버하고 광택과 투명감을 부여하며 피부의 색조 조정 및 피부를 보호해준다. 파우더는 땀과 피지를 억제하여 화장의 지속력을 상승시켜주며 피부색을 조정하고 외부환경으로부터 피부를 보호해준다.

포인트 메이크업은 외모의 부족한 부분에 혈색을 주고 윤곽을 잡아주어 더욱 매력적인 외모로 가꾸어주는 기능을 한다. 포인트 메이크업으로는 아이 브로우, 아이 섀도우, 아이라인, 마스카라, 블러셔, 립 메이크업이 있다.

아이브로우는 눈썹의 모양을 조정하여 눈매를 강조하고 아이 섀도우는 눈에 음영을 주어 입체감을 표현해준다.

아이라이너는 속눈썹을 뚜렷하게 하여 눈의 윤곽을 강조하고 마스카라는 속눈썹에 볼륨을 주어 눈을 아름답게 보이게 한다.

립 메이크업은 입술에 색을 주어 돋보이게 하고 입술의 건조를 방지하여 아름답게 보이게 해준다. 마지막으로 블러셔는 얼굴에 입체감과 혈색을 부여하며 윤곽을 수정해준다.

2. 기초 메이크업

1) 스킨 타입

요즘 신세대들에게 어떤 여성이 가장 이상적이냐는 질문에 "피부가 예쁜 여자"라는 답을 많이 들을 수 있다. 그것은 예전에 비해 메이크업에 의한 인위적인 피부연출보다 자연스러운 아름다움이 각광받고 있기 때문이기도 하다.

이러한 유행 경향으로 자연스럽고 지속성 있는 메이크업을 하려면 유분과 수분의 밸런스가 잡힌 맑고 투명한 피부가 기초가 되어야 한다.

피부는 개인의 건강이나 생리적 상태, 계절, 그리고 주변 환경 등의 상황에 따라 조금씩 영향을 받는다. 따라서 메이크업을 하기 전에는 먼저 자신의 스킨 타입을 정확히 파악하고 알아두는 것이 필요하다.

피부타입을 파악하기 위한 방법은 저녁 세안 후 아무것도 바르지 않은 맨얼굴 상태에서 체크해야 하는데, 15~20분 동안 쉽게 얼굴이 당기면 건성 타입, 피지의 분비가 많아 얼굴 전체가 번들거리면 지성 타입, 얼굴의 당김이 없는 경우 중성타입이라고 한다. 또한 지성과 건성이 같이 나타난다면 복합성, 그리고 예민한 피부의 경우는 민감성이라고 한다.

가. 건성피부

특 징	피부 표면이 거칠고 건조하며 화장이 잘 받지 않는다. 입가나 눈가에 잔주름이 쉽게 생기며 세안 후 푸석푸석한 느낌이 들며 피부가 당긴다.
관리방법	평상시 기초손질 충실, 수분과 유분을 적절히 공급, 충분한 수면, 비타민 A, E 크림을 사용, 보습효과가 좋은 에센스 사용, 피부신진대사 촉진을 위해 마사지를 매일한다. 무스타입에 거품이 풍성한 클렌징 폼을 함으로써 부드럽게 더러움을 제거한다. 눈가나 입가에 주름이 잡히기 쉬우므로 아이크림과 에센스는 수시로 바른다.
식이 요법	피지분비를 촉진시키기 위해서 적당량의 지방 식품을 섭취해 주며, 신진 대사 촉진을 위해 비타민 A식품을 준다. 1.5L 정도의 생수를 섭취하여 보습에 신경 쓴다.

나. 지성피부

특 징	피지 분비량이 많아 번들거리며 끈적임이 있고 모공이 크다. 화장이 잘 지워지며 여드름이 생기기 쉽다.
관리방법	피부가 청결하도록 세안을 철저히 하며, 수면 부족이나 스트레스로 인해 피지분비가 촉진되기도 하므로 규칙적인 생활을 한다. 특히 아침 세안에 주의해야 하는데 밤 동안의 왕성한 신진대사로 피부 위에 피지나 노폐물이 가득하기에 아침 세안을 더욱 철저히 하야 한다. 수렴효과가 좋은 화장수로 거칠어진 피부 결을 정리해 주며 클렌징 효과가 큰 팩으로 피부의 더러움을 제거해 준다.
식이 요법	피부의 신진대사를 활발하게 하고 저항력을 길러주는 비타민 B식품을 섭취하며, 무, 난황, 유제품, 시금치, 현미, 귤, 간, 소고기 등을 적절하게 섭취해 준다.

다. 중성피부

특 징	땀과 피지의 분비가 정상적으로 이루어지며 여드름이 생기지 않고, 피부의 혈액 순환이 잘 이루어지므로 피부색이 엷고 분홍빛을 띤다. 적당한 수분을 함유하고 있어 부드럽고 촉촉하며 탄력이 있으며 모공이 크지 않다.
관리방법	계절, 자외선, 생활습관, 건강에 따라서 피부상태가 변할 수 있으므로, 정상적인 피부 상태를 유지할 수 있도록 세심한 손질을 해주어야 한다는 점이다. 겨울철에는 수분과 피지의 부족으로 건성피부가 되기 쉽다. 이럴 때는 수분과 영양을 동시에 공급하는 유액과 화장수를 충분히 사용한다.
식이 요법	균형 있는 영양 섭취를 해야 한다.

라. 민감성 피부

특 징	외부 자극에 민감하며 심리적, 정신적인 것과도 연관성을 갖는다. 쉽게 거칠어지며 쉽게 주름을 형성하기도 한다.
관리방법	클렌징은 물론 씻어내는 타입으로 선택하며, 무알콜 저자극성 무향 무색소의 민감 용 타입제품을 사용한다. 스크럽, 필링제, 석고팩은 사용하지 않는다.
식이 요법	정신적 스트레스, 과로, 수면 부족, 불균형적인 영양 상태를 개선해야 한다.

3. 베이스 메이크업

파운데이션의 퍼짐을 좋게 하고 균일하게 잘 밀착되도록 하여 파운데이션의 화장 효과를 높여 준다. 색상은 무색과 청색, 녹색, 분홍색, 노란색, 연보라색 등 여러 가지가 있어서 피부색을 조절할 수도 있다.

피부 화장의 효과를 높여주면서 피부 보호 역할까지 하는 메이크업베이스에는 로션 타입과 크림 타입의 두 가지가 있다. 로션 타입은 사용감이 가볍고 산뜻하여 중성, 지성 피부나 여름철에 효과적이다. 크림 타입은 베이스 효과가 뛰어나며, 색상이 있는 것은 피부색 콘트롤에 좋으므로 자신이 표현하고자 하는 피부색에 따라 색상을 선택하면 된다. 메이크업베이스를 바르는 방법은 먼저 수렴화장수를 솜에 묻혀서 얼굴에 가볍게 두드려 바른 후, 메이크업베이스 0.5g 정도를 얇게 펴 바른다. 지나치게 많이 바르면 오히려 파운데이션이 밀리게 되므로 소량을 바르는 것이 좋다.

1) 베이스 메이크업의 종류

가. **화이트-** 화이트 베이스 메이크업은 파운데이션의 명도를 높일 때, 눈 밑의 기미를 커버할 때 사용한다.

나. **그린-** 그린 컬러의 베이스 메이크업은 얼굴색이 베이지 계통이고, 빨간 기미가 있는 얼굴에 사용한다. 동양인들의 대부분이 이 피부에 속한다. 베이스 메이크업을 너무 많이 사용하지 않도록 주의한다.

다. **핑크-** 핑크 베이스 메이크업은 얼굴색의 명도를 높이는데 효과적이고 얼굴이 흰 사람이 얼굴색을 돋보이게 하고 싶을 때 사용한다.

라. **퍼플-** 퍼플컬러의 베이스 메이크업은 검거나 햇볕에 그을린 얼굴의 기미를 없애고 투명감을 주기 위해서 사용한다. 창백하고 여성적인 화장을 원할 때도 효과적이다.

마. **옐로우-** 옐로우의 베이스 메이크업은 빨간 기미가 있는 얼굴 수정에 효과적이다.

바. **블루-** 블루컬러의 베이스 메이크업은 핑크색을 많이 띠는 얼굴이나 기미를 수정할 때 사용한다. 얼굴 전체에 사용하거나 경우에 따라서 커버 부분만 사용하도록 하며, 과다한 양을 사용하면 화장이 두꺼워질 수 있으니 주의한다.

2) 파운데이션

피부표현은 메이크업의 전부를 차지한다고 해도 과언이 아닐 만큼 중요한 순서이다. 특히 파운데이션은 메이크업의 기초 작업으로 뜨지 않고 투명한 느낌으로 표현해야 고급스럽고 어려 보일 수 있다.

좋은 파운데이션을 선택하려면 자신의 원래 피부색과 동떨어져 보이지 않는 색을 선택해야 한다. 색상선택은 뺨과 턱과의 경계 부분에 파운데이션을 길게 펴 발라보고, 피복력이 좋아 균일하게 잘 밀착되며, 피부에 부담감이 없는 것이 좋다.

파운데이션은 피부타입에 따라 리퀴드, 크림, 젤, 스틱 타입 등이 있는데, 손이나 브러쉬, 또는 스펀지를 이용하여 조금씩 꼼꼼하게 발라야 깔끔하게 바를 수 있다.

파운데이션을 바르는 테크닉에는 패팅(patting) 기법과 슬라이딩(sliding) 기법으로 패팅 기법은 손가락으로 두드리는 테크닉으로 두텁게 많은 양을 바를 수 있고, 슬라이딩 기법은 얼굴 전체에 넓게 펴 바를 때나 색상이 진해서 엷게 하고자 할 때 사용할 수 있다. 파운데이션을 바른 후 잡티가 있는 경우에는 부분적으로 알맞은 컨실러를 붓이나 면봉을 이용하여 바르면 두껍지 않으면서도 깨끗하고 투명한 피부를 표현할 수 있다.

또한 한 톤이나 두 톤 밝은 컨실러로 콧등이나 눈 아래, 턱 등에 발라주면 하이라이트 효과를 줄 수도 있다.

가. 리퀴드 파운데이션

- 수분과 유분 안료의 3가지 성분 중에서 수분의 함량이 많은 것을 리퀴드 파운데이션이라고 한다. 따라서 다른 것과 비교해 '물' 의 성질이 많이 포함되어 있다. 자연스럽고 투명한 느낌이 있어 자신의 피부

색대로 표현되며, 피부 조직이 얇은 눈 주위나 주름살 부분에 사용이 편리하다. 또한 드라이 스킨이나 얇은 화장을 좋아하는 여성들에게 좋다.

나. 크림 파운데이션

- 크림 같은 파운데이션을 말하며, 피부에 윤기나 탄력을 많이 주며, 강한 커버력이 있으므로 피부를 젊게 보이고 싶은 여성, 또는 피부에 자신이 없는 여성 등은 얼굴의 잡티를 어느 정도 가릴 수 있고 보습 효과도 뛰어나서 가을이나 겨울철에 사용한다. 크림 파운데이션은 일반적으로 커버력이 강하여 피부색에 가까운 색깔을 선택해야 하며 목의 경계나 살갗과 머리칼의 경계 손질에 각별히 주의해야 한다.

다. 스틱 타입 파운데이션

- 크림 타입에 비해 커버력과 지속력이 뛰어나, 단시간에 신속한 메이크업을 할 수 있다. 잡티가 많은 피부에 적합하고, 휴대하기 간편한 장점이 있다. 그러나 피부가 두껍고 균일하게 표현되지 않을 수 있어 양을 적절히 잘 조절해 사용해야 한다.

라. 젤 타입 파운데이션

- 최근 새로운 파운데이션 형태로 등장한 것으로, 젤 특유의 발림성과 막이 피부의 막을 균일하게 해주어 깔끔한 피부 표현이 가능하여 여름철에 청량감을 느낄 수 있게 해준다.

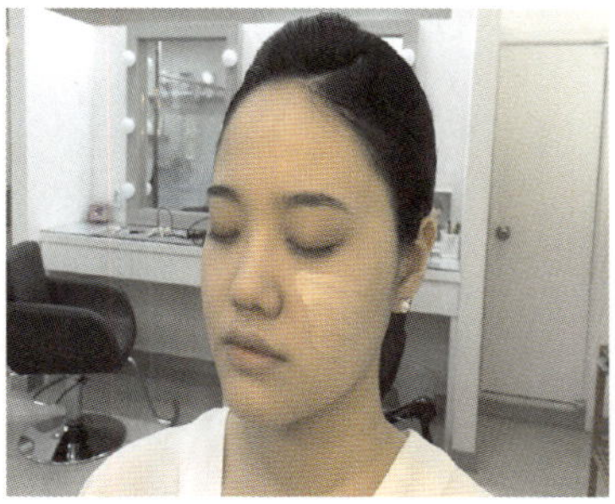

3) 파우더

파우더는 유분기를 흡수하여 번들거림을 방지하고 파운데이션을 고정시켜주며, 메이크업의 지속력을 높여 줄 뿐만 아니라 피부 톤을 화사하게 보정해 준다.

메이크업 효과를 상승시키고 고운 피부로 마무리하는 단계가 바로 이 단계이다.

파우더를 선택할 때에는 손끝으로 만져 부드럽고 보송보송 하게 떨어지는 질감 좋은 것을 선택하며 손끝에서 뭉치거나 입자가 굵다는 느낌이 드는 것은 투명감이 없고 무거운 느낌을 줄 수 있으니 주의해야 한다.

피부 타입에 따른 파우더의 선택 요령

가. 투명 색상 파우더: 가장 무난하며 번들거림을 막아주고 얇고 투명한 피부를 표현할 수 있다.

나. 바이올렛 색상 파우더: 펄과 함께 섞어 바르면 환상적인 분위기로 표현되므로 조명 아래에서 더 효과적이기 때문에 이브닝 메이크업에 적당하다.

다. 그린 색상 파우더: 커버력이 좋기 때문에 잡티가 있거나 붉은 기가 많은 사람에게 좋다.

라. 베이지 색상 파우더: 가장 많이 사용하며 전체적으로 차분하고 자연스런 피부를 표현할 수 있다.

마. 화이트 색상 파우더: 다크 써클을 커버하거나 하이라이트를 주고 싶을 때 적당하다.

바. 핑크 색상 파우더: 노란 조명을 받으면 더욱 효과적인 색상으로 신부메이크업과 창백한 얼굴에 생기를 주어 건강하고 화사한 피부를 표현할 수 있다.

파우더의 종류

가. 루즈 파우더: 피부의 마무리 단계에서 사용하며 핑크색, 보라색, 흰색을 혼합하여 피부색에 맞추는 것이 좋다.

나. 프레스드 파우더: 흔히 프레스드 파우더는 콤펙트라 부르며, 분을 딱딱하게 굳힌 것으로 사용과 휴대에 간편하다.

다. 펄 파우더: 펄 파우더는 기존 파우더에 펄을 혼합하여 입체감을 주거나, 단독으로 볼륨감 또는 하이라이트를 줄 때 사용한다. 화장의 마무리 단계에서 다른 화장품의 표현을 화사하게 극대화하는 효과가 있다.

파우더 사용법

가. 어두운 피부색이나 베이스 컬러와의 경계를 자연스럽게 발라야 한다.

나. 퍼프를 이용할 때에는 파우더가 퍼프에 잘 묻도록 잘 문지른 후 퍼프를 털거나 손등에 발라 본 후 얼굴에 바른다. 얼굴에 남은 여분의 파우더는 페이스 브러쉬로 쓰다듬어 턴다.

다. 브러시를 이용할 경우는 모가 촘촘하고 부드러운 브러시를 사용한다. 파우더를 브러시의 끝에 살짝 묻힌 후 브러시를 손등이나 퍼프 등에 살짝 털어내 파우더가 브러시에 골고루 묻히게 한다. 그 후 브러시를 이마와 콧등에 이르는 T존에 가볍게 쓸어 내리 듯 발라 유분 감을 잡아 주고 남은 잔여 파우더로 눈가와 얼굴 윤곽선을 따라 살짝 쓸어내리듯 발라 정리한다.

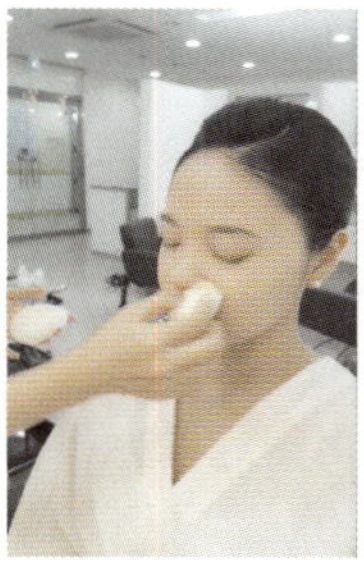

4. 색조 메이크업

1) 아이 브로우(Eye brow)

눈썹은 얼굴의 지붕이라 할 만큼 얼굴 인상과 발란스를 좌우하며 성격과 기질을 엿볼 수 있는 곳이다. 얼굴형과 눈 모양에 어울리는 형태를 고려하여 머리색과 동일한 색상의 펜슬로 진하지 않게 한 올 한 올 심듯이 자연스럽게 형태를 그리도록 한다.

눈썹 그리기

눈썹을 그릴 때는 눈썹 산부터 그리고 눈앞머리에서 눈썹 산 쪽으로 이어 그려준다. 눈썹길이는 눈앞머리에서 시작해서 콧 망울과 눈 꼬리를 잇는 연장선상에 둔다. 그러나 눈썹의 길이와 두께는 유행과 계절에 민감하므로 유의하여 선택한다.

가. 눈썹 머리의 위치

- 눈 앞머리와 콧망울이 세로로 일직선이 되는 지점에서 눈 앞머리보다 약간 앞쪽으로 오게 한다.

나. 눈썹 꼬리의 위치

- 눈 앞머리에서 시작해서 콧망울과 눈꼬리를 잇는 연장선상에 45도 각도를 이루는 지점에 둔다. 눈썹 앞머리의 위치보다 내려가지 않도록 주의한다.

다. 눈썹산의 위치

- 눈썹산은 눈썹의 가장 높은 부위로, 눈의 검은 도장의 바깥쪽은 직선으로 올렸을 때 눈길이의 3분의 2지점, 즉 검은 눈동자가 끝나는 지점이다.

눈썹 손질 및 그리기

1단계 지저분하게 보이는 눈썹을 정리하는 단계로 눈썹용 빗으로 아래 방향으로 쓸어서 빗는다.

2단계 눈썹용 가위로 빗질 상태에서 밖으로 삐져나온 부분을 잘라낸다.

3단계 본인의 얼굴에 어울리는 이미지로 만드는 단계로 원하는 형태의 눈썹은 남겨두고 불필요한 부분을 눈썹 전용 칼로 민다. 족집게를 이용하여 눈썹을 뽑을 수도 있으나 자극이 될 수 있으니 눈썹 칼을 이용하여 먼저 민 후 다듬는 작업에서 정리하는 용도로 사용하는 것이 좋다.

4단계 눈썹의 숱이 많은 사람은 펜슬로 정리해 주는 느낌으로, 숱이 적은 사람은 섀도우를 이용하여 눈썹의 빈 곳을 채워나가며 자연스럽게 연결시켜준다.

5단계 눈썹을 그린 후 비뚤어진 부분은 면봉을 이용하여 지우고 살짝 수정한 후 정돈한다.

얼굴형에 따른 눈썹 그리기

가. 둥근형

- 둥근 얼굴형은 지적이고 세련된 느낌을 줄 수 있도록 각을 살린 아치형 눈썹이 적당하다. 브러쉬에 섀도를 묻히고 눈썹 결을 따라 빈 부분을 메운다. 이때 눈썹의 3분의 2지점까지는 날렵한 선을 그리고 나머지 부분은 둥굴리듯이 그린다.

나. 달걀형

- 눈썹을 흐리고 얇게 그리면 인상이 또렷해 보이지 않으므로 중간 정도의 두께를 선명하게 그리는 것이 중요하다. 섀도나 눈썹 전용 펜슬로 눈썹의 3분의 2 지점까지는 위쪽으로 살짝 경사지게 그리고 나머지 부분은 아래로 길게 빼 주듯이 그린다.

다. 사각형

- 인상이 강하고 날카로워 보이므로 부드러운 느낌이 들도록 완만하고 둥글게 눈썹을 그리는 것이 좋다. 펜슬보다는 파우더나 섀도 타입을 이용하고 색상도 진한 갈색이나 회갈색처럼 자연스러운 색상을 선택한다. 눈썹 모양은 반달형으로 그리고 갈색 마스카라를 이용해 눈썹 결을 살린다.

라. 역삼각형

- 뾰족한 턱이 부드럽게 보이도록 아치 형태로 눈썹을 그린다. 눈썹 전용 펜슬로 2분의 1지점에서 둥근 아치형이 되도록 모양을 잡고 섀도로 눈썹의 빈 곳을 메우는 느낌으로 칠한다. 눈썹 숱이 적을 경우에는 눈썹 모양을 잡을 때 펜슬보다 섀도를 이용하는 것이 자연스럽다.

마. 긴 얼굴형

- 긴 얼굴형은 자연스러운 굵기로 약간 직선적인 눈썹으로 표현하는 것이 얼굴이 넓어 보이는 효과가 있고, 눈썹꼬리를 약간 위를 향해 눈썹산을 기본 위치보다도 약간 바깥쪽으로 표현하는 것이 좋다.

2) 아이 섀도우(Eye shadow)

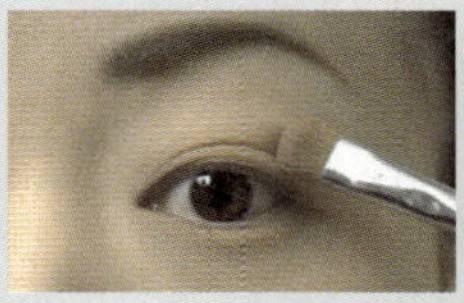

눈꺼풀, 눈초리, 콧날 등에 적은 분량을 칠하여 음영이나 입체감을 주고 눈언저리를 아름답게 만드는 화장품을 말한다. 고형분말 모양, 스틱 모양, 크림 모양, 유액 모양, 펜슬 모양 등의 타입이 있으며 펄도 포함되어 있다.

아이 섀도우는 색채의 효과를 이용하여 눈매를 보다 뚜렷하게 하여 자연스러운 인상을 연출하며, 어느 정도 눈의 형태를 수정하여 표준형의 눈에 가깝게 한다.

아이 섀도우는 다채로운 색조를 가지고 있으며 브라운, 그린, 블루, 그레이, 보라, 백색, 금, 은 색등이 있다. 색을 선정 할 경우에는 자신의 피부색, 눈동자의 색, 계절감 등을 고려하거나 의상과의 조화를 고려하여 의상과 동일계열이거나 보색의 색상을 선택한다. 또한 전체적인 메이크업 분위기에 맞게 선택하는 것이 중요하다.

피부 톤에 어울리는 색상

가. 흰 피부

어떤 색조든 무난히 잘 어울리며, 핑크 등의 파스텔 계열이 좋다.

나. 노란 피부

브라운 계열이나 핑크 베이지 같은 내츄럴 컬러가 좋고 바이올렛은 화려하게 표현하고 싶을 때 사용하면 어울린다.

다. 어두운 피부

펄이 들어 있는 내추럴한 색상이나 아쿠아 블루, 짙은 보라 계열이 좋다.

눈 형태에 따른 아이 섀도우 연출 방법

가. 눈이 작은 경우

- 눈 길이를 길게 하는 것이 중요하므로 눈 앞쪽에서부터 아이라인을 그린 후 눈 전체에 밝은 색상의 섀도나 펄 감이 풍부한 색상을 선택하여 눈 꼬리 부분에서 짙은 색의 섀도를 연장하여 자연스럽게 발라준다. 언더라인 또한 눈 꼬리에서 눈 쪽으로 깊게 발라주는데, 이때 색상이 너무 진하지 않게 한다.

나. 눈이 큰 경우

- 진한 색상을 바를 시 눈이 강해보이고 화장이 지나치게 화려해 보일 수 있으므로 진한 색보다는 연한 색상을 선택하여 부드럽고 자연스럽게 연출한다.

다. 동그란 눈

- 눈매를 길게 하는 것이 관건이다. 눈앞과 눈 꼬리 부분을 짙게 처리하여 눈매를 짙게 연출한다. 눈의 중앙부위에 짙은 색상을 바를 시 눈이 동그랗게 강조되기 때문에 어두운 브라운이나 그레이 계열의 포인트 컬러를 이용하여 눈 꼬리 쪽으로 넓게 펴서 바른다. 언더라인도 눈 꼬리 쪽으로 길게 연장하여 눈이 길어 보이게 한다.

라. 가느다란 눈

- 넓고 둥글게 연출하는 것이 중요하므로 눈머리와 눈 꼬리에 짙은 색의 아이 섀도우를 바르고, 아이 홀에는 밝은 색의 하이라이트를 주되 가급적 넓고 둥글게 연출한다. 언더라인 또한 눈의 중앙을 두껍게 발라 전체적으로 둥글게 연출되도록 한다.

마. 눈두덩이 나온 눈

- 지방질이 과도하게 많아 부어 보이는 눈으로 눈 두덩이의 부피감을 줄이는 것이 중요하다. 펄이 들어가거나 붉은 계열, 지나치게 밝은 파스텔 색상은 눈을 더 부어 보이게 하므로 피한다.

바. 눈두덩이 들어간 눈

– 지방질이 너무 적어 눈이 움푹 들어가게 보이므로 푹 꺼진 눈에 부피감을 주어 부드럽게 보이게 하는 것이 중요하다. 펄 감이 있는 샤이니한 색상이나 밝은 계열의 색상을 이용하여 아이 홀 부분에 하이라이트 효과를 주어 눈이 나와 보이게 하고 포인트 컬러로 밝은 계열의 화사하고 따뜻한 색상의 아이 섀도우 색상을 이용한다.

사. 눈 꼬리가 처진 눈

– 눈 꼬리가 내려간 형태로 내려간 눈 꼬리를 올리는 것이 중요하다. 눈 앞머리에서 눈 꼬리까지 라인을 살려 사선 방향으로 약간 올라가게 아이 라인을 그리고, 아이 섀도우는 눈 꼬리 쪽으로 그라데이션을 하는데 너무 색상이 진하게 되지 않도록 주의한다.

아. 눈 꼬리가 올라간 눈

– 눈 꼬리가 올라간 형태로 눈 앞머리와 눈 꼬리의 아래 부분에 섀도의 포인트를 주고 눈 꼬리 쪽으로 그라데이션 해준다. 이때 눈 꼬리의 색상이 너무 진하면 인상이 강해 보이므로 색상이 너무 진하지 않게 주의한다.

자. 외겹 눈

– 쌍꺼풀이 없는 외꺼풀 눈으로 눈을 크고 또렷하게 연출하는 것이 중요하다. 아이 섀도우로 라인감을 주거나 눈 꼬리에 포인트를 주어 사선방향으로 끌어올린 후 그라데이션 해준다. 눈썹 뼈 주위에는 하이라이트를 강하게 해주어 전반적으로 평면적인 눈의 느낌을 입체적으로 연출한다.

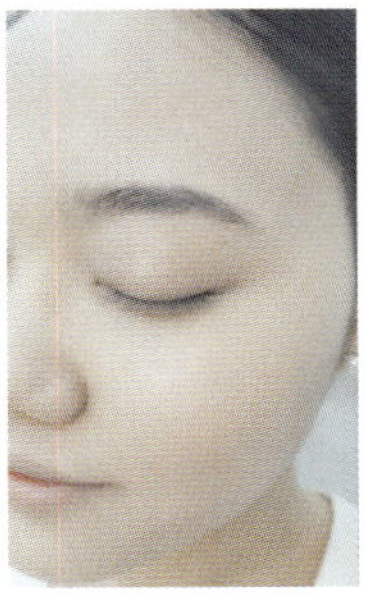

3) 아이라인(Eye Line)

메이크업 중 가장 표현하기 어려운 부분으로, 아이 섀도우의 사용과 함께 눈매를 아름답게 연출시키는데 꼭 필요한 단계이다.

아이라이너는 하나의 선으로 눈을 선명하게 또렷히 표현해주며 눈의 크기도 커보이게 하는 효과를 가져다준다. 또한 눈의 형태를 교정해주는 요소이며 그릴 때에는 속눈썹 사이를 메꾸듯이 꼼꼼하게 그려 주어야 자연스러우면서도 선명한 눈매를 연출할 수 있다. 눈을 크게 강조하고 싶을 때는 눈 위아래 점막을 펜슬로 잘 메워주면 보다 크고 매력적인 눈매로 표현될 수 있다.

자신의 눈매의 형태에 따라 눈 꼬리가 조금 올라간 사람은 아이라이너 끝부분을 좀 낮게 내려주어 날카로운 인상을 주지 않게 하고, 눈 꼬리가 처진 사람은 꼬리 부분을 살짝 올려주어 쳐져 보일 수 있는 인상을 조금 더 활기찬 인상으로 보완할 수 있다.

아이라이너의 종류로는 펜슬타입, 붓 타입, 리퀴드 타입, 케이크타입 등이 있으며, 케이크타입은 자연스런 눈매를 연출할 수 있는 반면에 잘 번지는 단점이 있으므로 그 위에 섀도우로 터치해 주면 번짐을 예방할 수 있다.

초보자인 경우에는 단단한 붓 펜 타입이 쓰기 편하며 젤 타입의 라이너를 사용해도 자연스럽게 표현할 수 있다. 분위기에 따라 컬러 아이 라이너를 사용하면 세련된 느낌으로 표현할 수 있다. 또한 너무 오버해서 눈 꼬리를 길게 빼는 것은 절대 피하는 것이 좋다.

4) 마스카라(Mascara)

눈의 표정을 드라마틱하게 연출시켜 줄 수 있는 요소로써 눈썹을 풍부하게 만들어주며 컬링 효과가 있어 크고 또렷한 눈매로 완성시켜준다. 뷰러로 속눈썹을 올려준 후 위에서 아래로 지그재그로 바른 후 다시 아래에서 위로 지그재그로 발라준다.

마스카라를 선택하는 요령

가. 길게 보이고 싶을 때: 롤러 래쉬 타입
나. 처지지 않게 올리고 싶을 때: 컬링 타입
다. 짙고 풍성하게 보이고 싶을 때: 볼륨 타입
라. 언더라인에 번짐을 방지할 때: 워터 프루프 타입
마. 드라마틱한 눈을 표현할 때: 컬러 마스카라

5) 볼터치(Cheek Make-Up)

얼굴의 입체감을 부여해 주고 생기를 주기도 하며 얼굴색을 보정해 주고 얼굴형을 교정해주는 역할도 한다. 얼굴형과 원하는 이미지에 따라 선택하는 색상과 터치방법을 알맞게 선택하도록 하고 부드러운 솔을 사용하여야 피부 자극을 최소화할 수 있다.

얼굴형에 따른 볼터치

가. 둥근 얼굴

동그란 얼굴형은 큐트해 보이지만 나이에 맞지 않게 어려보일 수 있고 지적이거나 세련된 느낌은 주기 힘들 수 있다. 얼굴 길이가 짧은 편이며, 얼굴 폭은 약간 넓어 보이고 볼이 통통하므로 얼굴을 갸름하게 하는 데 중점을 두어 귀 윗부분에서 구각보다 약간 위쪽을 향하여 세로로 길게 펴 발라 윤곽을 수정해 준다. 이때 귀 부분에서 브러시에 힘을 주고 아래로 내려오면서 힘을 빼주어, 자연스럽게 그라데이션 되도록 한다. 또한 컬러를 진하게 사용하여 볼 화장을 강조하지 않는 것이 중요하다.

나. 긴 얼굴

얼굴 폭이 좁고 그에 비해 길이가 긴 형이다. 치크 컬러 효과를 살릴 수 있도록 볼 뼈를 중심으로 둥글려 눈과 평행으로 그려주되 콧 망울선 밑으로 내려가지 않게 옆면을 넓게 펴 바름으로써 긴 볼은 조금 짧아 보이도록 한다. 긴 얼굴형은 보통 갸름하지만 나이보다 더 들어 보이기 쉬우므로 양 볼에 둥글게 그라데이션 해주면 귀엽고 발랄해 보여, 나이보다 어려보일 수 있게 연출할 수 있다.

다. 역삼각형 얼굴

이마 폭이 넓고, 턱으로 내려 갈수록 좁아지는 형으로 연약하고 소녀다운 느낌을 준다. 샤프한 느낌이 나기 때문에 볼 터치는 밝은 색으로 부드럽고 은은하게 표현해야 하며, 좁은 턱 선이 강조되지 않도록 주의하여야 한다. 지나치게 턱 선이 모가 났다든지 각진 부분은 섀도를 주어 타원형 얼굴이 되어 보이게 해야 하기에 양쪽 아랫볼이 통통하게 보일 수 있도록 볼 양 옆에 밝은 하이라이트를 넣고 각지고 넓은 이마는 피부 톤보다 한 단계 어두운 치크 컬러로 헤어라인 중심에서부터 눈썹 끝 부분까지 섀도 처리를 한다.

라. 각진 얼굴형

살이 많아 보이기보다는 뼈가 두드러져 보이는 스타일로 지적인 느낌이 나는 반면에 남성적인 느낌도 나는 얼굴형이다. 또한 자칫 고집스러워 보이면서도 도전적인 인상을 줄 수 있기에 전반적인 느낌을 부드럽게 연출해 주어야 한다. 광대뼈의 중심보다 약간 아래에서 볼 뼈를 따라 헤어라인에서 코 끝 방향으로 너무 진하지 않게 안쪽 사선 방향으로 샤프하게 터치하고 치크 컬러가 넓어지지 않도록 한다.

네 모서리는 브라운 계열 섀도나 치크 컬러를 이용, 파우더 브러시나 볼 터치 브러시로 음영을 주어 턱 선을 깎듯이 터치하여 얼굴이 둥글게 보이도록 한다.

6) 입술 메이크업(Lip Make-Up)

메이크업은 립을 통해 완성된다. 가장 강렬한 포인트를 주는 요소로서 립 라인과 립스틱 색상 및 제품에 따라 다양한 분위기를 연출할 수 있다. 색상은 한 가지만 쓰기 보다는 두세 가지를 섞어서 바르는 게 좋고 립스틱과 립글로스를 같이 쓰면 풍부한 느낌으로 표현할 수 있다.

립스틱을 선택하는 방법

가. 립스틱의 색은 옷 색상에 맞춘다.

- 자신의 옷감의 주된 색상이 무엇인가를 알아서 그 옷에 맞는 립스틱을 선택해야 한다. 화장을 하는 것에 있어 색상의 매치는 중요하다.

나. 피부를 희게 보이려면 선명한 색상을 선택한다.

- 피부가 아름다운 여성은 립스틱의 선택에 애를 쓸 필요가 없으나 피부가 어두운 사람은 선명한 색상의 립스틱을 선택해야 피부가 희게 보인다.

다. 립스틱을 엷게 칠하여 다른 부분을 강조한다.

- 립스틱을 엷게 칠한 상태에서는 치크 메이크업이나 아이 섀도우 사용으로 눈길을 끌게 하여 포인트를 주어야 한다.

제6장

용모 복장

1. 용모와 복장의 이해

우리 인간에 있어 용모와 복장은 인격의 표현이기도 하고 상대방에 대한 예의를 나타내는 척도이기도 하며, 개인 고유의 개성을 표현하는 수단이기도 하다. 그러므로 국제화시대에 맞추어 자신을 세련되고 개성 있게 표현하는 시대적 감각을 살리는 것이 중요하다.

최근 사람들의 옷차림이나 헤어스타일을 보면 각양각색의 스타일에서 독특한 자신들만의 개성이나 자유분방함을 느낄 수 있는데 이는 매우 바람직한 현상이다. 그러나 개성만을 중시하고 T.P.O에 맞지 않는 옷을 입는 것은 지양해야 한다.

옷을 제대로 입는다는 것은 Time (시간), Place (장소), Occasion (경우나 상황)에 맞는, 즉 자신이 있어야 하는 자리와 위치, 상황 등에 어울리는 옷차림을 말한다. 자신이 느끼는 만족감도 중요하나 대인관계를 하는 사회인이라면 제 3자의 시각에서 단정하게 보이도록 하는 것도 유의해야 한다. 그러므로 우리가 사람을 만날 때 타인에게 호감을 줄 수 있는 이미지를 만들기 위해서는 깨끗하고 단정한 용모와 복장이 기본이 되어야 한다.

용모 복장의 중요성

상대에 대한 이미지를 판단하는데 있어서 첫인상은 매우 중요하며, 그 중 55%가 시각적 요소에 의해 작용된다고 한다. 용모에 대한 관심은 정도의 차이일 뿐 시대를 초월하며 남녀노소의 공통된 관심사이다. 용모는 타고난 것이지만 개인의 관심과 노력에 따라 개선될 수 있다. 또한 용모나 복장은 자신의 첫인상일 뿐만 아니라, 조직의 이미지까지 결정하기 때문에 단정함은 매우 중요하며, 이러한 단정한 용모를 유지하기 위해서는 철저한 자기 관리와 지속적인 노력이 필요하다.

2. 여성의 용모와 복장

용모와 복장 CHECK POINT

여 성	
항목	용모복장
머 리	청결하고 손질은 되어 있습니까?
	일하기 쉬운 머리형입니까?
	앞머리가 눈을 가리지 않습니까?
	근무복에 어울립니까?
	머리 액세서리가 너무 눈에 띄지 않습니까?
	머리 염색 상태가 불량하지 않습니까?
화 장	청결하고 건강한 느낌을 주고 있습니까?
	피부처리 및 화장부분이 흐트러지지는 않았습니까?
	Eye shadow나 Lipstick 색상은 적당합니까?
복 장	지나치게 구겨지지는 않았습니까?
	보기흉한 얼룩은 없습니까?
	다림질은 되어 있습니까? (블라우스, 스커트의 주름 등)
	스커트나 슬랙스의 단 처리는 깔끔합니까?
	어깨에 비듬이나 머리카락이 붙어 있지는 않습니까?
	근무복으로서 지나치게 유행에 따르지는 않았습니까?
손	손톱의 길이는 적당합니까?
	손은 깨끗합니까?
스타킹	색깔은 적당합니까?
	예비 스타킹을 가지고 있습니까?
구 두	깨끗이 닦여져 있습니까?
	근무복에 어울리는 스타일입니까?
	뒤축이 벗겨지거나 닳아 있지는 않습니까?
	구겨 신지는 않았습니까?
액세서리	방해되는 액세서리를 착용하지는 않았습니까? (팔찌, 늘어진 귀걸이 등)
	근무복에 어울립니까?
향 수	너무 진하게 뿌려 타인의 눈살을 찌푸리게 하지는 않았습니까?

1) 용모의 기본 점검

가. 헤어 (hair-do)

- 매일 샴푸하여 윤기 있고 건강한 머리카락을 유지한다.
- 앞머리가 눈을 가리지 않도록 단정하게 처리한다.
- 머리를 깨끗이 손질하여 귀를 드러내는 것이 좋다.
- 지나친 파마나 염색은 피하고, 가발 착용 또한 금한다.
- 긴 머리의 경우는 단정하게 머리를 묶는다.
- 앞머리나 잔머리를 고정하기 위해서는 검정색의 머리핀을 사용하고 장식이 없거나, 지나치게 화려한 머리 장식은 사용하지 않는 것이 좋다.
- 무스나 젤, 헤어스프레이를 지나치게 사용하여 인공적인 모습을 피하고 머리를 고정시킬 정도의 적당량을 사용하여 자연스런 모습을 연출한다.

나. 메이크업 (Make up)

- 펄이 지나치게 많이 들어 있거나, 너무 흐리거나 검정색이 도는 색조 화장은 하지 않는다.
- 너무 진한 화장도 곤란하지만, 전혀 화장기가 없는 맨 얼굴로 근무에 임해서도 안 된다.
- 진한 향이 나는 향수는 사용하지 않는 것이 좋으며, 화장품도 향이 강한 것은 사용하지 않는다.
- 입술은 반드시 발라서 창백하거나 아파보이지 않도록 한다.
- 아이섀도나 아이 라인은 너무 진하지 않게 하며 속눈썹은 붙이지 않는다.

다. 복장

- 어깨에 비듬이나 머리카락이 묻어 있지 않도록 한다.
- 옷은 항상 다림질하여 구김이 없도록 하며 단추도 떨어진 것이 없이 한다.

- 속옷은 비치지 않도록 하고 색깔이 있는 속옷은 삼간다.
- 스커트 단이나 솔기가 뜯어진 곳이 없도록 자주 점검한다.
- 블라우스의 컬러나 소매부리가 더럽지 않도록 자주 세탁한다.
- 블라우스가 스커트 밖으로 빠져나오지 않도록 주의 한다.
- 비즈니스 차림이나 서비스 종사원의 경우 너무 화려하거나 디자인이 요란한 의복은 피하는 것이 좋다. 심플하고 단정한 차림이 깔끔한 이미지를 준다.

라. 스타킹

- 스타킹은 무늬 없는 살색이나 커피색이 적당하다.
- 느슨하게 흘러내리지 않도록 주의해야 한다.

마. 구두

- 일반적으로 정장과 동일한 색상으로 조화를 이루는 것이 좋다.
- 유니폼 착용 시에는 검정색 가죽소재가 적당하며, 플레인 토우나 펌프스 힐이 적당하다.
- 구두는 꺾어 신지 않으며 너무 굽이 높은 것도 삼간다.
- 색이나 모양이 너무 화려한 것은 삼가는 것이 좋다.
- 샌들은 업무용으로는 적합하지 않으며, 구두를 끌거나 굽 소리가 요란하게 나지 않도록 한다.

바. 악세서리

- 시계는 금속 줄이나 검정색, 밤색 등의 가죽 줄의 formal한 시계를 착용해야 하며, 요란한 패션 시계나 스포츠용 시계 착용은 삼간다.
- 목걸이는 요란한 장식은 피하고 가느다란 체인이나 작은 팬던트가 달려 있는 것으로 하나만 착용하는 것이 좋다.
- 간결한 것이 좋고 나이, 신분에 맞도록 착용한다.
- 자신의 경제 사정을 고려한다.

- 포인트만 주고 너무 산만하지 않도록 한다.
- 안경이나 머리핀 등이 화려할 경우 귀걸이는 가급적 하지 않는다.

사. 손

- 손톱은 너무 길지 않게 하며 짧을 경우엔 무색을 바르고 조금 길게 되면 튀지 않는 자연스러운 매니큐어를 바른다.

아. 가방

- 옷의 스타일과 색상에 조화를 이루어야 한다.
- 업무와 비교 하였을 때 지나치게 큰 가방이나 내용물이 적게 들어가는 지나치게 작은 가방은 피하도록 한다.
- 고가의 유명 브랜드에 집착하기 보다는 때, 장소, 상황에 맞게 핸드백을 사용하는 것이다.
- 핸드백은 항상 잘 유지되고 내부가 정돈 되어 있어야 한다.
- 식당에서는 자신의 등 뒤에 놓아둔다.

자. 스카프

- 스카프는 수트의 이미지와 잘 어울리게 같은 계열의 색상 또는 보색으로 포인트를 준다.
- 스카프는 매는 방법에 따라 귀엽거나, 심플하게 또는 우아하거나 화려하게 연출할 수 있다.
- 고무줄과 액세서리를 함께 이용할 수 있다.

차. 향수

- 향수를 고를 때에는 먼저 자신의 이미지에 어울리는 향을 선택하는 것이 중요하다.
- 향수는 열과 태양광선에 매우 약하므로 통풍이 잘되고 직사광선이 닿지 않는 장소에서 보관해야 한다.
- 향수는 자신이 희미하게 느낄 정도로 바르는 것이 적당하다.
- 향수는 섞어 쓰지 않는다.

– 향수는 원칙적으로 맥(脈)이 뛰는 곳에 뿌린다. 특히 하반신에 중점을 두면 위쪽으로 향기가 올라와서 효과를 높인다.
– 향기가 은은하게 풍기도록 하기 위해서 정면에 향수를 뿌리는 일은 삼가야 한다.
– 화장품의 향기와 조화를 이룰 수 있는 향수를 사용하는 것이 좋다.
– 보석과 모피에 뿌리는 것은 삼간다.
– 머리카락 등과 같이 직사광선이 직접 닿는 곳은 피해서 사용한다.
– 겨드랑이는 땀과 섞여 좋지 않은 냄새를 내기 때문에 향수를 뿌리는 것은 금물이다.

참고

부향율(알코올에 들어가는 향료의 양)에 의한 분류

보통 '향' 이란 말은 Fragrance(프라그랑스) 라고 한다. 이는 라틴어'fragrare: '냄새맡다' 에서 온 말로 '한 가지의 상쾌한 향 또는 기술적으로 조화롭게 어우러진 향들'을 뜻한다. 향수산업 용어에서 향수는 원료의 질과 농축 정도에 따라 퍼퓸 (Perfume), 오드 퍼퓸 (Eau de Perfume), 오드 뚜왈렛 (Eau de Toilette), 오드 콜로뉴 (Eau de Cologne)등으로 나뉜다.

① 퍼퓸 (Perfume)
부향율이 20~30 % 인 경우를 말하며, 향수 중에서 가장 농도가 강해서 향이 풍부하고, 향의 지속 시간이 대략 10시간 이상이 된다. 향수 원액의 부향률이 높으므로 향이 강해 포인트에 소량만 사용하는 것이 좋다. 또한 순도 96%의 알코올에서 증류된 향수로 지속성과 확산성이 뛰어나다.

② 오드 퍼퓸 (Eau de Perfume)
부향율이 10~20% 인 경우를 말하며, 퍼퓸과 오드 뚜왈렛의 중간 타입이다. 순도 96%의 알코올에서 증류되었으며, 지속시간은 5~7시간 정도로 퍼퓸보다 양은 많고 향은 퍼퓸에 가까워 실용적이다.

③ 오드 뚜왈렛 (Eau de Toilette)
부향율이 5~10%인 경우를 말하며, 지속시간은 3~5시간 정도이다. 옅은 향을 띄고 있어 상큼한 감각과 향수의 지속성을 즐길 수 있는 것이 특징이다. '화장수'란 의미로 가장 대중적인 향수이며, 가벼운 감각으로 간편하게 전신에 뿌릴 수 있으므로 초보자가 사용하기에 적합하다.

④ 오드 콜로뉴 (Eau de Cologne)
부향률 3~5%이며, 레몬, 로즈베리, 네롤리로 구성된 신선하고 상쾌한 향취가 특색인 제품으로 지속시간은 1~2시간 정도로 짧다. 가볍고 상쾌한 효과가 있어 남.녀 공통으로 사용하며, 보통 향수와 달리 직접 피부에 뿌려도 얼룩이지지 않으므로 몸에 직접 문지르거나 두발에 뿌리는 등 다양하게 사용한다. 독일 퀼른 지방에서 '퀼른의 물'이란 이름의 향수를 개발, 이 제품이 상업적으로 성공을 거둠으로써 오드 콜로뉴란 이름을 갖게 되었다.

2) 여성의 정장(슈트 스타일)

남성과 마찬가지로 여성의 기본 정장은 무릎 라인의 스커트를 갖춘 정장 슈트이다. 이러한 복장은 상대에게 신뢰감을 줄 수 있고, 몸을 움직이는 데 있어 불편함이 없어 실용적이나 소재와 색상을 선택할 때는 고급스럽고 품위 있는 것을 선택하는 것이 좋다.

여성의 슈트는 재킷과 블라우스, 스커트가 한 세트이다. 스커트 대신 팬츠로 대체할 수도 있다. 또한 기본적인 스타일에 스카프나 액세서리로 유행에 맞추면서 개성 있는 변화를 줄 수 있다.

가. 재킷

- 재킷은 전통적인 테일러드 재킷이 무난하며 허리 라인이 너무 꼭 맞게 디자인 되거나 목선이 지나치게 파져 있는 옷은 적절하지 않다. 색상은 너무 화려한 색 보다는 밝은 회색, 중간 톤의 블루, 검정, 청회색, 갈색, 베이지 등이 무난하다.

① 테일러드 슈트 (Tailored Suit)

- 테일러(신사복 만드는 집, 양복점, 재단사란 의미)에서 온 것으로 일반적으로 신사복 만들기 라는 의미로 사용된다.
- 제 1차 세계대전을 시작으로 1915년부터 대중화되기 시작했다.
- 가장 기본적인 슈트로 유행을 거의 타지 않는다.

② 가디건 슈트 (Cardigan Suit)

- 가디건풍의 네크라인과 여밈으로 된 재킷과 같은 천으로 만든 스커트를 짝지은 슈트를 말한다. 캐시미어 등 고급소재를 활용해 기본 정장 슈트 못지않은 클래식한 스타일을 연출한 것이 많다. 또한 니트를 기본으로 하기 때문에 몸매 라인을 잘 표현하고 편한 착용감과 활동성을 자랑한다.
- 선이 단순하므로 클래식한 분위기를 낼 수 있고 유행주기가 긴 스타일이다.
- 선이 길게 아래로 떨어지므로 키 작은 사람에게도 잘 어울린다.

③ 샤넬 슈트 (Chanel Suit)

- 1910년 대에 프랑스의 디자이너 샤넬에 의해 디자인된 슈트로 심플한 카디건 슈트의 일종이다. 현재에는 샤넬 슈트라는 명칭 하나로도 클래식한 고전미를 상징하게 되었다. 특히 트위드 소재로 만든 샤넬 슈트가 가장 기본이며 재킷의 라인을 따라 완성한 샤넬 특유의 바이어스 처리는 우아함을 보여 줄 수 있다.
- 직선적인 실루엣으로 무릎 아래 5~10cm인 샤넬라인의 타이트 스커트나 세미타이트 플리츠 스커트 등과도 매치가 가능하다.

나. 스커트

- 비즈니스 정장 스커트의 길이는 무릎라인의 스커트 길이가 활동하거나 고객을 상대할 때 가장 적합한 길이이다.

① **타이트 스커트**

- 가장 일반적인 스타일로 모든 사람에게 보편적으로 어울리는 스타일이다.
  너무 타이트해서 몸의 라인이 그대로 드러나는 것은 삼간다.

② **플리츠 스커트**

- 주름이 들어간 스커트로 여성스런 분위기를 연출하는데 효과적이다.
  살찐 체형은 주름이 들어간 것은 피하는 것이 좋다.

③ **플레어 스커트**

- 여성스런 스타일의 스커트로 짧은 재킷과 잘 어울린다. 키가 작은 사람의 경우엔 폭이 넓은 플레어 스커트는 키가 더 작아 보일 수 있으므로 삼간다.

다. 블라우스

– 여성도 남성과 마찬가지로 상의의 V-zone 연출이 중요하다. 여성 정장도 마찬가지로 슈트를 입더라도 안에 티셔츠를 받쳐 입으면 세미 정장이 된다. 남성의 드레스 셔츠와 같이 블라우스는 정장의 상징이요, 여성만이 가지고 있는 우아함의 징표이다. 가능한 한 고급스럽고 감촉이 좋은 실크소재를 선택하는 것이 좋다.

① 간결한 디자인이나 단색이 지적인 인상을 주면서 어떤 재킷과도 코디가 가능하다.

② 속이 비치는 소재의 블라우스는 입지 않는 것이 좋다.

라. 원피스 드레스

– 원피스의 정식 명칭은 원피스 드레스이다. 슈트보다는 정장의 이미지가 부족하지만 활동적이고 여성스러움을 표현할 수 있어 최근에는 직장여성에게 많이 사랑 받는 복장이다.

① 프릴이나 레이스가 달린 스타일 보다는 셔츠 스타일이나 일자형 원피스가 비즈니스에는 적당하다.

② 스커트의 폭은 너무 넓지 않는 것이 좋으며, 허리라인이 있는 것이 날씬해 보이고 여성스러워 보인다.

③ 소매가 없는 원피스에는 위에 재킷을 덧입어야 격식을 갖출 수 있다.

④ 안감이 있더라도 속치마를 꼭 갖춰 입어야 햇빛 아래서도 안이 보이지 않는다.

마. 바지

- 바지는 이너가 드러나는 것을 막기 위해 벨트를 하는 것이 좋다. 또한 벨트는 이너의 색상과 맞추어 주고 심플한 색상을 선택하는 것이 좋다. 너무 피트한 바지는 속옷을 드러날 수 있으므로 삼가는 것이 좋다.

3) 체형별 코디 법

가. 키가 크고 뚱뚱한 체형

① 디자인

- 키가 크고 뚱뚱한 체형은 무조건 펑퍼짐한 스타일을 고수 하는 것이 아니라 여성적인 몸매의 라인을 어느 정도는 살려주는 대담한 디자인이 어울린다.

  또한 뚱뚱한 것을 보완하기 위해 깔끔한 정장스타일로 고급스럽고 정돈된 이미지를 연출하는 것이 좋다. 비대칭 균형의 디자인이나 사선으로 앞여밈이 부드러운 느낌을 주는 것이 효과적이며 일자형 주름 스커트나 옷감과 같은 감인 폭이 좁은 벨트를 하는 것이 좋다.

② 색채나 무늬

- 부드러운 파스텔 톤이나 자잘한 무늬 또는 상하의가 대조 되는 것을 입는 것이 좋고, 진한 색상의 옷을 입을 경우는 안에 받쳐 입는 옷을 더 밝게 입어야 효과적이다.

③ 재질

- 꼬임이 많은 실로 조밀하게 짜여진 가벼운 옷감이 좋고 몸을 커보이게 하는 빳빳하거나 두꺼운 옷, 투박한 옷감은 피한다.

나. 키가 작고 뚱뚱한 체형

① 디자인

– 키가 작고 뚱뚱한 체형에게는 단순한 디자인이 좋으며 부피감 없는 심플한 소재를 선택한다. 약간 여유 있는 디자인이 좋고 V형이나 U자형의 네크라인이 좋다. 상반신은 밝은 색으로 강조하고 하반신은 늘씬해 보이는 바지나 밑으로 갈수록 좁아지는 항아리 스커트로 상반신보다 좁아보이게 만들어 준다. 또한 재킷이나 스커트는 되도록 절개선이나 단추선로 세로선으로 만들어 키가 커 보이는 착시 효과를 노리도록 한다. 이 때 신발, 스타킹까지 같은 색 계통으로 코디하면 전체적으로 키가 커 보이는 효과가 있고, 넓은 벨트나 지나친 액세서리는 피하는 것이 좋다.

② 색채나 무늬

– 진하거나 강한 색상을 입는 것이 전체적으로 축소되어 보이는 효과가 있다. 강하고 큰 무늬는 키가 작아 보이고, 작은 무늬는 뚱뚱해 보이므로 중간 크기의 무늬가 적당하다.

③ 재질

– 가벼운 느낌을 주는 옷감이 적당하며, 빳빳한 감, 광택이 있는 감은 피하는 것이 좋다.

다. 키가 작고 마른 체형

① 디자인

– 여성스러운 이미지를 최대한 강조해서 보여주는 스타일의 옷이 좋다. 약간 여유가 있는 실루엣으로 주름이나 레이스와 같은 귀엽고 작은 장식과 간단한 디자인이 좋다.

또한 얼굴 근처에 강조점을 주어 시선이 위로 오게 해야 한다. 포켓, 단추, 액세서리는 작은 것으로 선택하고 하이 웨스트라인이나 짧은 볼레로, 긴 코트 등과 같이 키를 커보이게 하는 착시 효과의 디자인을 선택하는 것이 좋다.

② 색채나 무늬

- 밝고 따뜻한 계열의 색으로 입고 상하의를 같거나 비슷하게 입되 상의를 더 밝게 입는 것이 좋다. 몸에 꼭 맞는 어두운 계열의 원피스를 입으면 키가 커 보일지는 모르나 왜소하고 초라해 보일 수 있으므로 피하는 것이 좋다. 또한 체형에 맞는 작고 귀여운 무늬의 장식을 선택하는 것이 좋다.

③ 재질

- 빳빳하거나 두꺼운 감이 좋고 지나치게 얇은 옷감은 피하고, 부드러운 얇은 옷감으로 여성적이고 부드러운 분위기를 살리는 것이 좋다.

라. 키가 크고 마른 체형

① 디자인

- 자신의 체형에 맞는 큼직하고 품위 있는 디자인과 액세서리를 이용하는 것이 좋다. 또한 넓은 포켓과 칼라를 이용하며 옷의 길이는 너무 짧지 않게 하는 것이 좋다. 몸매가 드러나는 디자인은 피하고 상하의 중 어느 한쪽의 볼륨을 강조하여 대비가 되게 하는 것이 좋다.

② 색채나 무늬

- 밝거나 따뜻한 느낌의 큼직한 무늬가 좋으나 너무 키가 큰 것 같이 느껴지면 상하의를 대비되는 색채를 착용하거나 가로선을 강조하는 것이 좋다.

③ 재질

- 빳빳한 옷감, 표면이 돌출되거나 몸에 달라붙는 느낌의 편성물이나 얇은 옷감은 피하는 것이 좋다. 광택 나는 소재나 털이 있는 소재를 이용하여 부피감이 있어 보이도록 한다.

3. 남성의 용모와 복장

용모와 복장 CHECK POINT

남 성	
항목	용모복장
머 리	앞머리가 눈을 가리지 않습니까?
	잠자고 난 듯한 뒷머리를 하고 있지는 않습니까?
	헤어제품을 이용한 스타일링이 제대로 되어 있습니까?
	비듬은 없습니까? 냄새는 나지 않습니까?
얼 굴	수염, 코털이 길지 않습니까?
	이는 깨끗하고 입 냄새, 담배 냄새는 나지 않습니까?
	눈은 충혈 되지 않고 안경은 더럽지 않습니까?
드레스 셔츠	소매부분이나 칼라부분이 더럽지 않습니까?
	칼라부분의 단추가 느슨하지 않습니까?
	색상, 무늬는 적당합니까?
	다림질은 잘 되어 있습니까?
	White 셔츠에 색이 있는 런닝셔츠를 입지는 않았습니까?
넥타이	비뚤어져 있지 않고 풀어져 있지 않습니까?
	때, 얼룩, 구겨짐은 없습니까?
	양복과 어울립니까?
	길이는 적당하고 타이핀 위치는 적당합니까?
상 의	상의 소매의 길이나 셔츠 깃의 높이는 적당합니까?
	주머니가 불룩할 정도로 많이 넣어져 있지는 않습니까?
바 지	다림질 되어 있고 무릎이 많이 나와 있지 않습니까?
	길이가 적당합니까?
손	청결합니까?
	손톱이 길지 않습니까?
벨 트	색이나 질감은 적당합니까?
양 말	화려한 색상이나 무늬는 아닙니까?
	백색 스포츠용 양말을 신고 있지 않습니까?
구 두	잘 닦여져 있습니까?
	굽이 닳아져 있습니까?
	색상이나 형태는 비즈니스 구두로서 적당합니까?
가방, 지갑, 명함 지갑등	형태가 망가져 있지 않습니까?
	깨끗이 손질되어 있습니까?
	명함은 명함 지갑에 넣고 매수는 적당합니까?

1) 용모의 기본점검

가. 헤어

- 앞머리는 이마를 가리지 않도록 한다.
- 옆머리는 귀를 덮지 않도록 한다.
- 뒷머리는 셔츠 깃이 닿지 않도록 한다.
- 빗질을 하거나 헤어 제품을 사용하여 단정한 모양을 유지한다.
- 머리가 지나치게 길거나 지나치게 튀는 염색이나 헤어스타일은 피한다.
- 가리마는 옆가리마가 바람직하며 가리마 없는 형태나 앞 가리마는 지양하는 것이 좋다.
- 무스나 젤을 지나치게 많이 바르는 것은 피하며 스타일을 고정하기 위해 적당량을 사용하는 것이 바람직하다.
- 자주 이발하고, 빗질하며 단정함과 청결함을 유지한다.

나. 얼굴

- 매일 면도하여 청결함을 준다.
- 눈은 충혈 되지 않도록 한다.
- 코털과 콧수염은 자주 자르도록 한다.
- 향이 강하거나 불쾌한 냄새가 나는 화장품은 사용하지 않는다.
- 귀를 청결하게 유지한다.
- 항상 미소 띤 밝은 표정을 유지한다.

다. 손

- 손은 항상 깨끗이 하여 손톱을 짧고 청결하게 유지한다.
- 목욕을 자주 하여 땀 냄새가 나지 않도록 청결을 유지한다.

라. 정장

- 정장의 상의는 2버튼일 때는 윗 단추 하나만 채운다.
- 3버튼 정장은 가운데 단추를 채우는 것이 바람직하다.
- 상하의 모두 다림질을 하여 착용한다. 특히 바지는 여러 줄이 생기지 않도록 유의한다.
- 단추가 떨어지거나 바느질이 뜯어진 곳이 없도록 잘 손질한다.
- 바지의 길이는 서있는 자세에서 바짓단이 구두 등을 스치는 정도의 길이가 적당하다.
- 체형에 맞춰 색상, 옷감의 패턴을 선택한다.
- 키가 작은 사람은 밝은 색상, 줄무늬를 살린 패턴을 선택한다.
- 뚱뚱한 사람은 커다란 체크무늬의 옷을 피한다.
- 상의 주머니에는 가급적 소지품을 넣지 않는다.
- 무릎이 튀어나온 바지는 입지 않는다.
- 허리띠를 반드시 맨다.

마. 드레스 셔츠

- 흰색 또는 옅은 색깔에서 크게 벗어나지 않는 것이 좋다.
- 목 단추까지 모두 채워 착용한다.
- 선 자세에서 셔츠의 소매는 슈트 상의 소매 밖으로 1~1.5 cm 정도 나오도록 입는 것이 보기에 좋다.
- 화려한 디자인이나 무늬는 지양한다.
- 목둘레는 0.5cm 정도 여유 있는 것이 바람직하다.
- 소매의 커프스는 여유 있게 손목에 맞아야 하지만 단추를 풀지 않고는 손을 넣을 수 없을 만큼 좁아야 한다.
- 셔츠의 길이는 허리 아래로 적어도 15cm 정도 내려와야 움직일 때 위로 빠져 나오지 않으며, 바지의 앞부분이 단정해 보인다.

바. 타이

- 길이는 벨트의 버클을 약간 덮을 정도가 좋으며 안쪽 넥타이가 바깥쪽 넥타이 길이보다 길지 않아야 한다.
- 정장과 잘 조화되는 색상과 패턴을 선택해야 한다. 격식을 갖추는 자리거나 서비스 종사원의 경우에는 화려하거나 튀는 색상과 패턴을 피하고 무늬 없는 플레인이나 작은 물방울무늬, 줄무늬 정도의 패턴이 적당하다.
- 조끼 착용 시는 넥타이가 조끼 밑으로 나오지 않는 것이 좋다.
- 넥타이 매듭이 중앙에 와야 하며 느슨하지 않도록 한다.
- 색깔은 양복과 동일 색이거나 보색 계통이 좋다.

사. 조끼

- 조끼를 입을 경우 몸에 꼭 맞게 입어야 재킷의 실루엣이 잘 살아날 수 있다. 조끼의 단추도 재킷과 마찬가지로 맨 아래 단추는 열어두고 위에 있는 모든 단추들을 채우는 것이 보편화되어 있다.

아. 벨트

- 색상은 양복이나 구두의 색깔과 동색 또는 어울리는 색이 좋다.
- 지나치게 요란한 버클 장식은 피한다.
- 정장 차림의 바지에서는 반드시 벨트를 착용해야 한다.

자. 구두

- 일반적으로 심플한 검정 단화를 착용하는 것이 무난하며, 양복 색상과 조화를 이루는 색상으로 양복 보다는 짙은 색으로 선택한다.
- 매일 깨끗이 손질하여 착용하여 지저분하지 않도록 유지해야 한다.
- 뒷 굽이 많이 닳은 구두는 신지 않는다.
- 양복의 색깔과 맞춘다.
- 구두의 뒤축을 구겨 신지 않는다.

- 정장 차림에 캐쥬얼화 착용을 피하며, 특히 발등이 반만 덮혀 발등이 훤히 노출 되는 태슬 로퍼(tassled loafer)착용은 금한다.
- 한 켤레 이상의 구두를 장만하여 번갈아 가며 신는다.

차. 양말

- 바지나 구두 중 색이 진한 쪽으로 선택한다.
- 목이 지나치게 짧은 양말은 피한다.
- 양복과 잘 어울리는 색상으로 선택하되, 양복에 흰색 양말은 착용해서는 안 된다.
- 양말은 매일 세탁하여 청결함을 유지한다.

카. 향수

- 신사에게 콜로뉴(cologne)는 액세서리이다.
- 콜로뉴는 냄새를 제거할 목적으로 사용해서는 절대 안 된다.
- 콜로뉴는 양복, 포켓, 손수건, 목 등에 가볍게 뿌리는 것으로 충분하다.

2) 남성의 정장(슈트 스타일)

상대방에게 호감을 주는 옷차림은 첫인상을 좌우하는 중요한 역할을 할 뿐만 아니라 개인으로서 자기표현의 수단이 되며 나아가 성공의 열쇠가 되기도 한다.

옷차림은 단순히 그 사람의 외적인 면만을 나타내는 것이 아니라 성격, 습관, 사회적 지위, 개성, 경제 상황을 대변하는 것이기에 새로운 사람과의 관계를 형성하는 사회생활에 있어 복장매너는 중요한 부분을 차지한다.

깔끔하게 잘 차려입은 정장슈트는 입는 사람에게는 자신감을, 그리고 보는 사람에게는 신뢰감을 심어준다.

그러므로 오늘날 남성들의 사회에서 옷차림은 지위와 성취도를 가늠하는 중요한 지침이며 목표달성과정에서 하나의 수단으로 사용된다. 또한 사회구성원의 일원으로서 타인에게 호감을 주는 방법이기에 깔끔한 정장슈트의 연출은 실질적인 비즈니스 성공에도 영향을 준다.

슈트는 '세트', '갖춤'의 의미로, 아래와 위를 같은 소재로 지은 남성복 한 벌이나 여성복 한 벌을 의미하는 것으로 정장을 대표한다.

또한 모양에 따른 다양한 스타일을 가지고 있다.

가. 싱글 벤티드 스타일 (Single Vented Style)

- 미국식 스타일에서 흔히 볼 수 있는 가장 실용적인 형태의 슈트이다. 상의 뒤중앙에 한 개의 트임이 있는 스타일로 활동성에 주안점을 두어 넉넉하고 편안함을 강조한 스타일이다. 보수적이고 유행에 흔들리지 않는 스타일이기에 사무직이나 조금은 보수적인 직업에 종사하는 사람들에게 적합한 슈트이다.

싱글 벤티드 스타일을 입을 때에는 상의의 앞 단추를 모두 채우지 말고 2버튼 일 경우는 위의 단추만 채우고 버튼이 3개일 경우엔 마지막 단추는 채우지 않는다.

나. 더블 벤티드 스타일 (Double Vented Style)

- 영국식 스타일로 상의 뒤쪽의 양 옆에 두 개의 트임이 있는 스타일이며, 각이 진 어깨선과 좁은 소매, 가슴에서 엉덩이까지 꼭 맞는 스타일로 허리선을 최대한 살려 실루엣을 강조한 스타일이다. 엉덩이 부분을 가려줄 수 있는 스타일이지만 엉덩이가 크거나 배가 나온 남성들보다는 마른 체형의 사람에게 잘 어울리며 유행에 민감한 스타일이다.
  더블 벤티드 스타일의 슈트를 입을 때는 반드시 단추를 채워야 하며 아래 단추나 가운데 단추 중 하나만 채우도록 한다. 세련되어 보이기는 하나 자칫 더운 느낌을 줄 수 있으니 더운 여름이나 활동적인 일을 할 경우에는 피하는 것이 좋다.

다. 노 벤티드 스타일 (No Vented Style)

- 이탈리아식으로 유럽인들이 선호하는 스타일로 상의 뒤쪽에 트임이 없는 스타일이다. 포켓에 손을 넣거나 앉을 때 약간의 주름이 생기기도 하지만 모양 자체로는 가장 깔끔하게 보이는 스타일이다.

3) 슈트의 선택과 착용 요령

가. 기본에 충실한 컬러

- 화려한 컬러의 슈트는 일상에서 입기 어렵기에 부담 없이 즐길 수 있는 슈트를 찾는다면 네이비, 그레이, 블랙 등 기본에 충실한 색을 선택하는 것이 좋다.

나. 수트의 완성은 '핏'

① 재킷

- 재킷은 어깨에 딱 맞아 날렵하게 떨어지되, 기장은 엉덩이 반 정도가 가려지는 길이가 뒤태까지 살려준다. 상의 어깨너비는 착용 후 바른 자세로 섰을 때 어깨의 끝에서 아래로 수직선을 그었을 경우 팔이 선 밖으로 튀어나오지 않을 정도가 적당하며, 단추를 채웠을 때 가슴 부위가 첫째 단추 부분을 앞으로 당겨서 주먹 하나가 들어 갈 정도의 여유가 있어야 편안한 느낌이며 단추를 채웠을 때 불편한 곳이 없다.
  또한 재킷의 앞길이가 뒷길이보다 1.5cm 정도 길어야 옷이 뒤로 넘어가 보이지 않고 자연스러운 라인을 유지하며, 드레스 셔츠가 적당히 보이는 지도 살펴야 한다. 소매길이는 셔츠의 커프스가 1.5cm 정도 보여야 적당하며 셔츠 칼라 또한 슈트 상의의 칼라 위로 1.5cm 정도 보여야 한다.

② 바지

- 바지는 밑단이 복사뼈를 반쯤 가리는 길이에 허벅지부터 밑단까지 자연스럽게 좁아지는 라인이 가장 맵시가 난다. 또한 밑단 앞쪽이 구두에 가볍게 닿고 뒤는 구두 굽보다 약간 위로 올라오는 정도가 적당하며 양말이 보여서는 안 된다. 또한 단을 접지 않는 바지는 뒷부분이 구두창과 굽이 만나는 지점까지 내려오는 것이 적당하다.

다. 셔츠와 타이까지 꼼꼼하게!

① 셔츠

- 셔츠는 흰색, 하늘색 같은 기본 컬러가 활용도가 높다. 이때 셔츠 깃 높이는 5cm 정도가 가장 무난하다. 소재로는 순면이 가장 적합하며 선 자세에서 셔츠의 소매는 슈트 상의 소매 밖으로 1~1.5cm 정도 나오도록 입는 것이 보기에 좋다.

셔츠 칼라는 슈트 칼라 위쪽으로 1.5cm정도 올라오는 것이 적당하며, 목둘레는 0.5cm정도 여유 있는 것이 바람직하다.

② 셔츠 칼라의 종류

- 레귤러 칼라 : 플레인 칼라라고도 하고 기본 칼라라고도 일컫는다. 글자 그대로 셔츠 칼라의 기본이 되는 것으로 칼라 끝의 각지고 양쪽 깃의 각도가 60도 정도 되는 것을 말한다. 어떤 사람에게도 어울릴 수 있고 어떤 스타일의 슈트와도 조화될 수 있는 가장 무난한 스타일이다.
- 버튼 다운 칼라 : 칼라 깃을 단추로 고정시킨 칼라로 원래 폴로 선수들이 칼라가 바람에 날리는 것을 막기 위해 버튼을 달았던 것에서 변형된 칼라이다.
  스포티한 느낌이 강하기 때문에 클래식한 슈트와는 잘 맞지 않으며 비즈니스 캐쥬얼에 적당하다.
- 라운드 칼라 : 깃이 둥글게 처리된 것으로, 정장 슈트 뿐만 아니라 승마복 등 스포츠 재킷에도 모두 잘 어울리며 부드러운 느낌을 준다. 그러나 얼굴이 둥근 사람은 피하는 것이 좋다.
- 핀 칼라 : 레귤러 칼라와 같은 모양이지만 칼라의 끝에 구멍을 뚫고 그곳에 금속제 핀을 끼워 고정 시 끼거나 셔츠 깃을 핀으로 조여서 입는 칼라를 말한다. 셔츠 깃을 핀으로 조여 멋을 낸 스타일로 세심한 멋쟁이들에게 사랑을 받고 있다.
- 탭칼라 : 윈저공에 의해 고안된 칼라이다. 넥타이를 맨 후 칼라의 모습을 유지하기 위해 탭으로 고정시킨 것으로 깔끔한 분위기를 연출한다. 핀 칼라만큼 타이를 멋지게 고정시킬 수는 없지만 착용 방법이 덜 까다로워서 비즈니스맨들에게 사랑을 받고 있는 칼라이다.

라. 타이

- 비즈니스 정장 차림에서 V-zone 은 매우 중요하다. V-zone은 남성의 슈트 상의와 셔츠, 타이가 연출해 내는 목 아래에서 가슴 윗부분을 말하는데 상대방의 시선이 가장 먼저 머무르게 되어 이미지를 결정하는데 큰 역할을 한다. 그러므로 넥타이는 의상의 전체 맵시를 좌우하는 중요한 요소이므로 정장 색상과의 조화에 특히 유의해야 한다.
  넥타이의 길이는 타이의 끝이 바지의 벨트 버클을 약간 덮을 정도가 적당하며, 슈트의 색상과 동일 계열의 타이는 차분하고 정숙한 느낌을 주고 반대색 계열의 타이는 활동적이고 자신감 있는 느낌을 전달하므로 적절히 활용하도록 한다.

4) 색상에 따른 슈트의 특징

가. 청색 계열

- 가장 기본이 되는 색상으로 비즈니스 웨어로 적당한 색이다. 다소 차가운 인상을 줄 수도 있지만 깔끔하면서도 생동감을 준다. 도시적인 이미지를 연출하며 소위 '썩세스 블루(성공한 남자의 푸른 색)' 이라고도 한다. 흰 색 셔츠와 잘 어울리며 하늘색이나 연한 회색, 연한 분홍색셔츠 등도 무난하다. 붉은 계열의 넥타이로 포인트를 주면 더욱 자신감 있는 모습이 연출될 수 있다.

나. 회색 계열

- 회색은 청색과 아울러 슈트의 기본 색상이다. 회색 계열의 슈트는 차분하고 지적인 분위기와 자신감 있는 모습을 연출한다. 나이와 상관없이 점잖고 안정감 있는 이미지를 연출하는데 제격이다. 흰색, 파랑색, 연분홍색, 와인색 셔츠의 색상 폭이 넓고, 파란색 바탕에 흰 줄무늬가 있는 셔츠와도 무리 없이 잘

어울린다. 회색 슈트가 단조로운 인상을 줄 수 있으므로 V존은 다소 화려하게 연출하는 것이 좋다.

다. 검정색 계열

- 정중하고 성실해 보인다. 예의를 차려야 하는 자리에 어울리지만 색상 자체가 강하기 때문에 타이의 색과 무늬를 신중하게 선택해야 한다. 경조사 시에도 착용할 수 있는 색상으로 반드시 갖추고 있어야 할 슈트다.

라. 밤색 계열

- 부드러운 느낌과 함께 세련된 멋을 풍기지만 연출하기가 어려워 초보자에게는 적당하지 않다. 특히 피부가 노란 우리나라 사람들에게 잘 어울리지 않는 색상이다. 흰색 보다는 베이지, 갈색 계열의 셔츠에 붉은 색이나 갈색 계열의 넥타이를 매면 전체적인 통일감을 줄 수 있다.

Imagemaking
Communication
Interview

이미지메이킹에서 면접까지

제7장

비즈니스 매너

1. 매너와 에티켓

1) 매너와 에티켓의 개념

매너(Manner)의 어원은 '마누아리우스(Manuarius)'라는 라틴어에서 탄생했다.

'마누아리우스(Manuarius)'란 마누스(Manus)'와 '아리우스(Arius)'의 합성어로 마누스는 '사람의 손'이라는 의미로 사람의 행동, 습관으로 발전되어 해석되고 있으며 아리우스는 '방법'이나 '방식'의 의미를 지니고 있다.

따라서 매너란 사람마다 갖고 있는 독특한 습관과 몸가짐으로 행동하는 방법이나 방식이라고 할 수 있으며, 어떤 일을 할 때 바람직하고 우아한 느낌을 받고자 하는 습관으로 상대에 대한 경의를 표하고 배려하는 마음으로 행동하는 것이라고 할 수 있다.

에티켓(Etiquette)의 어원은 프랑스의 베르사이유 궁전 정원을 보호하기 위해 화원에 'Estiquier(출입금지)라는 말뚝을 박아 화원에 들어가 나쁜 행동을 하는 사람들의 출입을 금지하기 위해 사용된 것으로 알려졌다. 후에 베르사이유 궁전에 들어가는 사람에게 입장권(ticket)을 주었는데 그 종이에 궁전에서 지켜야 할 예의 등의 적혀 있어 현재 에티켓이 유래가 되었다고 한다.

현대사회에서 여럿이 함께 살아가면서 접촉하거나 행동할 때 공통적으로 적용되는 규범을 지키지 않으면 서로 충돌하거나 혼란을 가져오게 된다. 따라서 에티켓은 법적 구속력은 없지만 사회 활동을 부드럽고 쾌적한 분위기로 만들기 위해 지켜야할 규범적 성격을 가지고 있다.

2) 매너와 에티켓의 차이점

매너와 에티켓은 모두 예절의 의미로 해석될 수 있으며 사람의 마음가짐이나 행동방식, 자세에 대한 의미로 해석해 볼 수 있다. 의미가 별로 차이가 없어 보일 수 있으나 세밀하게 그 차이를 풀어보면 에티켓은 우리가 사회생활에서 지켜야 할 관습의 의미가 강하다고 본다면 매너는 그 것을 어떻게 표현하는가인 방식의 의미가 크다고 할 수 있다.

예를 들어 버스에서 노약자에게 자리를 양보하는 것을 두고 에티켓이 있다, '없다'로 보통 표현하지만 버스에서 노약자에게 먼저 다가가 부축하며 자신의 자리를 양보하여 준다면 그것은 매너가 좋다, '나쁘다'라고 표현을 한다.

만약에 직장생활에 있어서 상사와 엘리베이터를 함께 타게 되었을 때 자신이 먼저 타서 버튼을 누르고 상사에게 상석의 자리를 내어주는 것은 에티켓이 있는 직원이라고 할 수 있으며 엘리베이터 문이 열렸을 때 상사에게 밝은 표정으로 웃으며 "제가 먼저 타서 버튼을 누르겠습니다"라고 표현하며 상사가 편안히 타도록 적극적으로 배려한다면 '에티켓이 있다'라는 말보다 매너가 좋은 직원이라는 말을 듣게 될 것이다.

그래서 가장 좋은 직장 예절은 직장에서 지켜야할 에티켓을 숙지하고 그것을 적극적으로 표현하여 에티켓이 있으면서 매너까지 좋은 직원으로 행동한다면 상사, 동료와의 관계가 더욱 좋아질 것이다.

에티켓	매너
행동기준	행동으로 나타내는 표현 방법
'나 자신' 에 대한 행동	'상대방을 위한 배려'
'있다, 없다' 의 유무로 구분	'좋다, 나쁘다' 로 구분
형식(form)	방식(way)
화장실에서 노크하는 행동자체	상대를 배려해서 조심스럽게 노크하는 것

2. 비즈니스 매너

1) 비즈니스 매너의 중요성

'매너는 인격이다'라는 말이 있듯이 매너는 그 사람의 됨됨이와 가치를 평가하는 커다란 기준이 되기도 한다. 매너는 그 사람의 '사회적 위치'를 굳이 알지 못하더라도, 개개인의 매너 수준을 통해 자기 스스로가 어떠한 사람인지를 상대에게 보여주는 것이기에 가정에서나 사회에서 자신을 알리는 매우 중요한 역할을 하고 있다. 즉, 매너는 자신이 하는 행동이 자신의 가치를 높일 뿐 아니라 상대에게 신뢰를 형성하게 하여 특히 사회생활을 하는 데 있어 기본적인 매너를 갖추는 일은 중요하다.

사회생활을 하면서 만나게 되는 많은 사람들이 매너의 중요성을 알지 못하여 상대에게 호감을 주지 못하고, 형식적인 응대로 신뢰관계를 이어가기 어렵게 된다면 일에 성공 또한 장담하기 어려울 것이다.

조직생활에 있어 조직의 일환인 직원 개개인이 세련된 매너와 에티켓을 실천하면 자신의 이미지뿐만 아니라 회사의 이미지도 함께 올라가는 긍정적인 효과를 볼 수 있을 것이다. 좋은 비즈니스 매너는 인간관계에서 상대에 대한 친절한 태도, 예의바른 마음, 배려심 등이 기본이 되어야 하며 상대의 인격을 존중하고 상황에 맞게 기분을 헤아려 주는 존중의 자세 또한 필요하다. 따라서 올바른 매너지식을 갖추고 그것을 올바르게 실행한다면 매너 있는 사람으로 모두에게 인정받을 수 있을 것이다.

'매너는 나의 경쟁력이다.'라는 마음가짐으로 좀 더 세련되고 예의바른 매너를 익혀보자.

2) 세계화 시대와 비즈니스 매너

교통수단의 발달과 초고속 인터넷의 보급으로 전 세계가 하나의 네트워크를 형성하게 되었고 거대한 지구촌이 완성되었다.

또한 국가 간 자유무역 협정 협정 체결이 확대되면서 제품이나 용역 뿐 아니라 문화교류도 활발히 진행되고 있어 다른 국가의 전반적인 문화를 이해하고 행동하는 것이 비즈니스에서 가장 중요한 덕목 중에 하나가 되었다.

기본적으로 비즈니스 매너는 상대방을 배려하고 존중하는 마음을 기본 덕목으로 두기 때문에 상대방에게 불쾌감을 주지 말아야 하며 더 나아가 친근하고 우호족인 이미지를 주어야 한다.

세계화 시대의 비즈니스는 다른 문화와의 커뮤니케이션이다. 커뮤니케이션은 언어 뿐 아니라 비언어적인 모든 행동을 사용하여 사람들과 상호 교류하여 사회생활을 영위해 나가는 과정이라고 할 수 있다. 즉, 언어적인 부분이외에 말하는 사람의 표정, 자세, 억양, 행동 등 비언어적인 부분까지 포함하는 것이다. 따라서 '커뮤니케이션이 성공적이다'라는 것은 다른 문화에 대한 호감, 존중 등을 나타내는 자세가 상대방에게 잘 전달되었다는 것을 의미하고 성공적인 비즈니스를 위해서는 각 문화를 이해하고 상황에 맞는 세련되고 품위 있는 매너가 필수 요소라는 것을 명심해야 한다.

3. 소개하기

사회생활을 하다보면 다양한 사람들을 만나게 되고, 자신을 소개하거나 소개를 받기도 하며, 자신이 타인을 소개해야 할 일들이 생기기 마련이다. 소개는 모르는 사람을 서로 알게 하는 것이며 이들과의 인맥을 형성하기 위한 방법이므로 소개에 대한 기본적인 이해와 예의가 필요하다. 소개하는 과정이 원활하지 않고 매너를 몰라 실례를 범하게 된다면 낭패를 보는 경우도 생기며 자신의 이미지에 타격을 받게 되는 경우도 생길 수 있다. 소개하는 순서와 주의점을 살펴보아 세련되게 소개할 수 있도록 해야 한다.

1) 자기소개 할 때

① 모임이나 행사에서 바른 자세로 일어나서 자신을 소개한다.
  - 상황에 맞는 인사말과 함께 자신의 이름, 직업, 회사 등을 소개한다.
  - 자신의 직위를 밝히지 않고 보통 이름만 말한다.
  - MISS, MR와 같은 존칭을 쓰지 않는다.

② 입사면접 시의 자기소개라면 장황하지 않게 약 30초~1분 정도로 간단명료하게 말한다.

③ 밝고 호감 가는 인상으로 자신을 소개한다.

2) 소개 받을 때

① 소개 받을 때도 자리에서 일어난다.

② 소개 받은 후 상대방의 이름을 불러 주는 것도 예의라 할 수 있다.

③ 소개 받은 후 자연스러운 분위기 형성을 위해 가벼운 주제로 대화를 이어 나간다.

3) 소개 순서

① 손윗사람에게 손아랫사람을 먼저 소개한다.
  - 지위가 높은 사람에게 지위가 낮은 사람을
  - 연장자에게 연소자를
  - 선배에게 후배를

② 이성 간에는 여성에게 남성을 먼저 소개한다.

③ 여성에게 남성을 소개하는 것이 원칙이나 왕, 대통령, 왕족, 성직자에게는 예외이다.

④ 기혼자에게 미혼자를 먼저 소개한다.

⑤ 손님에게 집안사람을 먼저 소개한다.

⑥ 고객(외부인)에게 회사동료를 소개한다.

⑦ 회사의 많은 사람을 한사람에게 소개할 때는 사내의 지위가 높은 사람부터 낮은 사람의 순으로 소개한다.
⑧ 지위, 연령이 같은 경우에는 자신과 친한 사람부터 소개한다.
⑨ 친한 사람, 가까운 관계에 있는 사람부터 소개한다.

4) 소개의 5단계

① 일어선다.
② 상대방의 눈을 보며 즐거운 표정을 짓는다.
③ 악수나 인사를 한다.
④ 인사를 하면서 상대방의 이름을 반복한다.
⑤ 대화가 끝난 후에는 마무리 인사를 한다.

5) 소개 시 주의할 점

① 소개 시에는 모두 일어나는 것이 원칙이다.
- 환자나 노령자는 예외이다.
- 나이가 많은 여성이나 앉아있던 여성은 앉은 채 남성을 소개받아도 괜찮다. 단, 호스티스는 반드시 일어나야 한다.

② 소개 후 남성 간에는 악수를 교환하고 이성 간에는 목례로 대신한다.
- 연장자가 악수를 청하기 전에 손을 내밀지 않는다.
- 연장자가 악수대신 간단한 인사를 하면 연소자는 미소를 지으며 목례로 답한다.

③ 직업이 서로 다른 사람을 소개할 경우에는 간단한 인적사항을 융통성 있게 덧붙이는 것이 효과적이다.
④ 결혼 리셉션, 사교파티 등 파티장소에서는 참가자의 자연스러운 대화를 통해 자신을 소개해도 무방하다.
⑤ 소개할 때에는 자신의 이름을 정확하게 전달하고, 상대의 이름을 기억하지 못해 실수 하지 않도록 주의한다.

⑥ 파티를 주최하는 사람은 초청자의 이름, 직업, 지위를 기억했다가 정확하게 소개하도록 한다.

⑦ 초면인 경우 날씨, 예술, 뉴스, 스포츠, 여행 등 가벼운 화제로 대화하며 정치와 종교, 금전과 같은 민감한 대화는 하지 않도록 한다.

⑧ 소규모 파티에서는 먼저 나오게 될 경우 소개받은 모든 사람들에게 작별 인사를 한다.

⑨ 대형파티에서는 주위의 사람들에게만 작은 소리로 작별인사를 하고 소개 받을 때와 마찬가지로 일어서서 인사한다.

4. 악수하기

악수의 기원은 추측으로 밖에 알 수 없기에 다양한 이야기가 있다.

천상의 신이 지상의 통치자에게 권력을 수여하는 제스처라고도 하며, 석기시대에 상대방이 손에 누군가를 해칠 무기를 소지하지 않았다는 것을 보여주기 위해서 서로 악수를 했다는 말도 있다. 또한 중세 유럽에서 길에서 낯선 사람과 만나면 우선 적이라고 의심해 몸에 지니고 있는 칼에 손을 댔는데 그러다가 싸울 뜻이 없음을 알게 되면 칼을 거두고 무기를 쓰는 손을 내밀에 적의가 없다는 뜻을 나타내는 방법이라고도 하였다.

이러한 악수는 현대에 와서 비즈니스를 하는 사람들 사이에 친근한 정을 담는 대표적인 인사로 통용되고 있고 많이 보편화 되어가고 있다. 그러나 서양의 인사 방법 중 하나이며 허리를 굽혀 인사하는 우리의 전통적인 인사방법과 다소 차이가 있으므로 악수매너를 익혀 실수하지 않는 것이 중요하다.

특히 비즈니스의 세계에서 악수는 관계형성의 첫 도구인 만큼 악수 매너를 잘 알아야 한다.

1) 악수 순서

① 일반적으로 윗사람이 먼저 청해야 아랫사람이 악수를 할 수 있다.
  - 아랫사람이 악수를 먼저 청하지 않도록 주의한다.
  - 상급자가 하급자에게 악수를 청한다.
  - 선배가 후배에게 한다.

② 이성 간일 때는 여성이 먼저 악수를 청할 때 하는 것이 예의이다.
  - 여성이 악수를 청하지 않을 경우에는 목례로 대신할 수 있다.
  - 손윗사람이라면 여성에게 악수를 청해도 된다.

③ 기혼자가 미혼자에게 먼저 악수를 청한다.

④ 고객이 직원에게 악수를 청한다.

⑤ 국가 원수나 왕은 보통사람에게 악수를 청한다.

2) 악수하는 방법

① 악수는 반드시 일어서서 한다.

② 호의적이고 밝은 표정으로 상대방의 눈을 본다.

③ 상체를 바로세우고 함께 오른 손을 잡는다.
  - 허리를 약간 숙여 정중함을 표현해도 좋다.

④ 적당한 힘을 주어 손을 잡은 후 가볍게 2~3번 흔든다.

⑤ 왼손은 자연스럽게 바지 재봉선에 붙인다.
  - 한국정서상 공손하게 왼손을 오른쪽 팔꿈치에 대기도한다.
  - 왼손을 살짝 아랫배 쪽에 두기도 한다.

⑥ 마지막까지 상대와 시선을 맞추도록 한다.

3) 악수할 때 주의 점

① 왼손을 주머니에 넣거나 뒷짐을 지지 않도록 한다.

② 손을 너무 세게 잡거나 약하게 잡지 않도록 하고 손끝만 잡지 않도록 한다.

③ 오랫동안 손을 잡고 있거나 악수한 채로 긴 대화를 나누지 않도록 한다.

④ 장갑은 벗은 상태에서 악수를 한다.

- 여성의 경우는 장갑을 벗지 않아도 된다. 파티의 호스테스인 경우는 장갑을 낀 채 악수하며, 청소용 장갑과 승마용 장갑, 방한용 장갑을 꼈을 경우는 장갑을 벗고 악수한다.

⑤ 땀에 젖어 있거나 청결하지 않은 상태의 손으로 악수하지 않도록 한다.

⑥ 악수는 오른손으로 하는 것이 원칙이므로 왼손잡이라고 할지라도 악수는 반드시 오른손을 청하도록 한다.

- 단, 오른손이 부상을 당했을 경우 양해를 구하고 왼손으로 악수를 해도 된다.

⑦ 적당한 거리를 유지하도록 한다.

⑧ 밝은 표정과 시선을 잊지 않도록 한다.

⑨ 오른손에 물건을 들고 있을 경우에는 왼손이나 바닥에 내려놓고 악수를 한다.

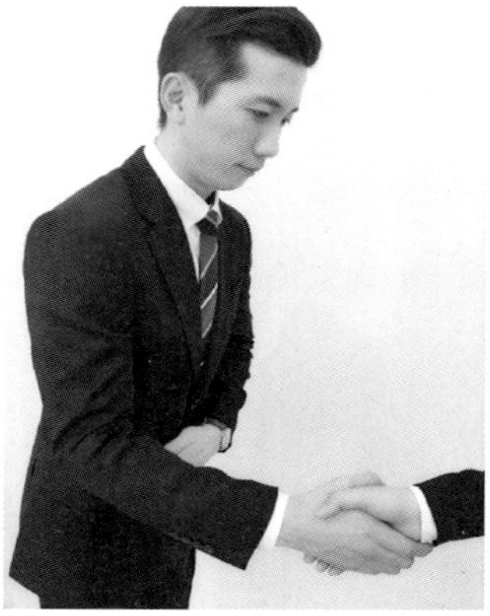

5. 명함수수

명함은 그 사람의 얼굴이고 자신의 이름, 신분, 연락처 등이 표기되는 자기소개의 또 다른 방법이다. 서로의 관계를 맺어주는 매개체로서의 역할로 자신의 존재와 정확한 정보를 알리면서 상대에게 신뢰감을 주는데 큰 역할을 하고 새로운 인간관계를 만들 수 있는 중요한 도구가 된다. 따라서 전달받은 명함은 올바르게 취급하고 소중히 다루어 주는 것이 상대에 대한 예의일 뿐만 아니라 자신의 이미지 관리에도 바람직한 태도라 할 수 있다. 더불어 명함은 개인이나 기업의 이미지를 전달하는 수단이기 때문에 명함을 제작 할 때는 디자인이나 재질에 세심한 주의가 필요하며 관리 또한 중요하다고 하겠다.

1) 명함을 건넬 때

① 명함은 충분히 미리 준비한다.
- 명함은 명함 집이나 지갑에 거꾸로 넣어두어 상대방과 대면 시 바로 꺼내서 건넬 수 있게 한다.
- 여성의 경우 핸드백에 넣어 두는 것도 무방하다.

② 명함은 서 있는 자세로 교환하는 것이 바람직하다.

③ 명함을 교환할 때는 아랫사람이 윗사람에게 먼저 건넨다.
- 직급이 낮은 사람이 높은 사람한테 먼저 건넨다.
- 방문한 사람이나 손님이 먼저 건넨다.

④ 명함은 오른손으로 건네고 본인의 이름이 상대방 쪽에서 받을 때 바르게 보여 한 번에 읽을 수 있도록 건넨다.
- 상체를 약간숙인 상태에서 왼손을 오른손에 살짝 받치는 느낌으로 공손히 전한다.
- 상대의 가슴과 허리선사이의 위치에서 자연스럽게 건넨다.
- 자신의 명함은 오른손으로 상대방의 명함은 왼손으로 받는 동시교환은 부득이한 경우가 아니면 실례이다.

⑤ 정중하게 인사한 후 인사말과 함께 자신의 회사명과 이름을 밝히면서 건낸다.
⑥ 상사와 함께 방문했다면 상사가 먼저 명함을 교환한다.
⑦ 상대가 두 사람 이상일 경우에는 윗사람에게 먼저 준다.

2) 명함을 받을 때

① 명함을 건낼 때와 마찬가지로 일어서서 받는다.
② 받은 명함은 공손히 살피고 상대방의 이름을 복창하며 관심을 표명한다.
- 상대방의 이름을 읽기 어려울 때는 정중히 물어보는 것이 바람직하다.

③ 명함을 받은 후 자신의 명함이 없다면 정중히 사과하고 자신을 소개한다.
④ 명함을 받은 후 이름을 확인하고, 대화 중 이름을 불러주는 것이 친근하므로 바로 넣지 않고 테이블 위나 가까운 곳에 위치해 두고 대화중 참고하는 것이 좋다.
⑤ 받은 명함은 상의 안쪽 주머니에 넣고, 상대방 앞에서 명함에 메모하는 것은 실례이다. 꼭 기재할 사항이 있다면 기억했다가 상대가 없는 곳에서 명함 뒷면에 적는 것이 좋다.
⑥ 받은 명함을 소중히 보관한다.

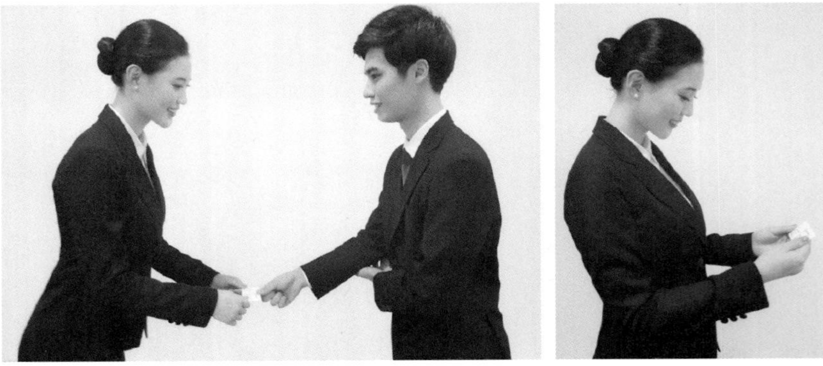

3) 명함취급 시 주의할 점

① 명함을 찾느라 이리저리 뒤지는 모습은 보이지 않도록 한다.
- 명함 교환 시 상대에게 명함을 받은 후 자신의 명함을 주려고 할 때 찾지 못해서 가방이나 주머니를 뒤지는 모습은 준비가 부족해 보이므로 미리 준비를 해야 한다.

② 명함을 거꾸로 건네지 않도록 한다.
- 명함을 건넬 때 받는 사람을 배려하지 않아 거꾸로 준다면 프로답지 못하므로 받는 사람이 한 번에 볼 수 있도록 바르게 건넨다.

③ 명함은 반드시 구겨지지 않는 깨끗한 상태로 건넨다.
- 깨끗한 명함을 주는 것은 상대에 대한 예의일 뿐 아니라 자신의 이미지 관리에도 바람직한 태도이기에 자신의 명함은 반드시 명함 지갑에 바르게 넣어 깨끗한 상태로 유지하여 소개할 때 정성껏 전달해야 한다.

④ 명함을 받은 후 보지 않고 바로 넣어버리는 것은 큰 실례이다.
- 명함을 교환하고 서로 소개도 없이 명함만 주머니에 넣는 경우는 상대방에게 실례이다.

⑤ 받은 명함을 만지작거리거나 부주의로 떨어뜨리지 않도록 한다.
- 대화중에 상대에게 받은 명함을 접거나 구기는 것, 급한 메모를 하는 것은 실례이다.

⑥ 받은 명함을 테이블에 그대로 두고 가거나 뒷주머니에 아무렇게 넣는 등 무례한 태도를 보이지 않도록 한다.
- 상대로부터 받은 명함을 받은 곳에 두고 오는 경우는 상대에게 큰 실례이므로 꼭 챙겨야 한다.

⑦ 받은 명함들은 추후에 바인더나 홀더에 넣어 보관하여 누구의 명함인지 기억해야 한다.
- 명함 파일을 만들고 명함 옆에 메모할 수 있는 기록 카드를 만들어 관리한다.

명함을 주고받는 것으로 끝내지 말고 개인의 인맥으로 오래도록 관계를 유지하기 위해서는 명함의 관리가 무엇보다 중요하다.

⑧ 명함을 앉은 채로 교환하는 것은 실례이다.

- 대화 도중이라도 명함을 앉은 채로 교환하는 것은 실례이므로 일어나서 허리를 굽혀 인사하고 난 뒤 명함을 교환한다.

Imagemaking
Communication
Interview

이미지메이킹에서 면접까지

제8장

커뮤니케이션의 이해

1. 커뮤니케이션의 이해

커뮤니케이션 (communication)이란 언어, 몸짓, 화상 등의 물질적 기호를 매개수단으로 정신적, 심미적인 전달교류로서 어떤 사실을 타인에게 전하고 알리는 전달의 뜻으로 쓰인다. 커뮤니케이션은 필수불가결한 인간의 활동이며, 상징을 통하여 의미를 전달하는 현상, 즉, 정보전달의 현상이라고 정의할 수 있는데, 그 종류로는 언어적인 것과 비언어적인 것으로 나눌 수 있다. 또한 커뮤니케이션은 우리말로 '의사소통'으로 풀이된다. 인간은 다른 동물에 비해 월등한 커뮤니케이션 능력을 지니고 태어났고, 누구나 커뮤니케이션을 더 많이, 더 잘하고자 하는 욕구를 지닌다. 그러나 커뮤니케이션은 결코 단순하지 않다. 커뮤니케이션의 본질을 알기 위해서는 커뮤니케이션이 '과정'이라는 것을 이해해야 한다.

1) 커뮤니케이션의 개념

커뮤니케이션은 삶의 중요한 한 부분이며 일상생활을 유지하는 수단이다. 사회생활에서 매우 중요한 인간관계 역시 커뮤니케이션을 통해 이루어진다. 커뮤니케이션의 본질을 보다 쉽게 이해하기 위해서는 먼저 단어의 어원을 살펴볼 필요가 있다. 커뮤니케이션(communication)은 '공통되는(common)', 혹은 '공유한다(share)'라는 뜻의 라틴어 'communis'(파생 단어 가운데에는 '공동체'를 의미하는 'community'가 있다)에서 유래한다. 커뮤니케이션은 결코 혼자 하는 것이 아니며, 누군가와 나누는 것임을 알 수 있다. 실제로 커뮤니케이션 없는 공동체, 또는 공동체 없는 커뮤니케이션은 상상하기 어렵다. 커뮤니케이션은 인간으로 하여금 사회적 존재로서 살아가게 만드는 도구가 된다.

"커뮤니케이션은 우리가 관련을 맺고 있는 사람 혹은 세상을 통해 메시지를 보내고, 받고, 해석하는 과정 (process)이다" 미국 출신의 사회학자인 찰스 호튼 쿨리(Charles Horton Cooley)는 이렇게 정의했다. 그는 스스로 내린 커뮤니케이션의 정의에서 과정이 가장 중요한 개념이라고 강조했다. 커뮤니케이션을 가리켜 '인간관계가 존재하고 발전하게 되는 메커니즘(mechanism)'이라고 설명한 것도 이러한 맥락에서다. 정지된 하나의 단순한 행위가 아니라, 시간의 경과와 더불어 진행되며 나와 상대방이 상호 연결되는 일련의 행위라는 점이며, 접촉에서 헤어짐까지 계속되는 그 무엇이라는 얘기다.

커뮤니케이션이 시간의 경과와 관련 있다 보니, 커뮤니케이션은 절대로 되돌릴 수 없는 시간의 속성을 함께 지닌다. 이 때문에 커뮤니케이션은 개입 요소가 매우 상호 의존적인 환경을 만들어 낸다. 또한 커뮤니케이션은 "전달자와 수신자 사이의 정보교환 및 의미의 전달과정"이라고 정의한다.

커뮤니케이션의 다양한 개념을 살펴보면 다음과 같다.

가. 다른 사람에게 의미를 전달하는 과정이다.

나. 두 사람 사이의 사실이나 감정, 태도, 신념, 생각 등을 전달하는 과정이다.

다. 메시지를 주고받는 과정이다.

라. 두 명 이상의 당사자들이 언어적 또는 비언어적 방법을 통해 서로의 의사와 감정을 전달하고 반응을 주고받는 과정이다.

2) 커뮤니케이션의 기능

효과적인 커뮤니케이션은 인간관계를 성공적으로 이끌어 가는 기본적인 수단이 되는 동시에 개인의 이미지 전달에 있어서 종합적으로 작용한다. 그리고 개인의 형성에 큰 영향을 미치게 되므로 커뮤니케이션은 퍼스널 이미지의 중요한 요소가 된다. 또한 커뮤니케이션은 시각적(visual), 언어적(verbal), 감각적(sensory)인 경험의 복잡한 혼합체로서 모든 조직 활동이 이루어지는 대인관계의 기본이다. 사람들은 대인 커뮤니케이션을 통해 끊임없이 자기를 나타내고 사회규범을 배우고 남과 유대를 맺으면서 자기 자신을 발견한다. 이는 대인 커뮤니케이션이 주로 두 사람 사이에 이루어지는 가장 직접적인 커뮤니케이션으로 말이나 표정, 행동 등 몸 전체를 통

해 영향을 주고받기 때문이다. (홍기선, 1997)

이외에도 문제해결, 정보교환, 정서적 기능, 동기부여 등의 다양한 기능이 있다.

3) 커뮤니케이션의 중요성

미국의 카네기재단의 조사에 의하면 '직무 수행상의 성공에 기술적인 지식은 15% 밖에 공헌하지만 인간관계 기능은 85%의 공헌을 한다'는 통계가 나왔다. 이는 보통사람들이 직장생활에 실패하는 이유는 기술적인 일이 아닌 인간관계에서 실패했기 때문이다. 이런 이유에서 IBM회사는 40시간을 종업원 교육훈련 중에 32시간을 인간관계 훈련에 투자하고 있다.

하버드 대학 직업지도부에서는 "지금 현재 당신의 행복을 결정하는 행복의 조건을 한 가지만 든다면 어떤 것을 들 수 있습니까?" 라며 설문조사를 했고 분석결과 가장 많은 대답은 "인간관계가 행복을 결정 한다"는 것이었다. 또한 하버드 직업보도국에서는 실직한 사람들을 대상으로 실직한 이유를 조사를 했다. 조사결과 업무적으로 무능해서라는 이유보다 인간관계가 나빠서 조직에서 적응을 못해 실직한 사람의 수가 2배에 더 가깝다는 결과가 나왔다. 이것은 사회생활 중에 인간관계가 얼마나 중요한지를 보여주는 것이라 할 수 있다.

사람들은 인간관계를 맺을 때 서로간의 감정을 표현하게 되고 감정표현을 통해 인간관계를 시작한다. 또한 현대사회는 커뮤니케이션을 잘하느냐, 못하느냐에 따라 인간관계의 성패가 좌우된다고 해도 과언이 아닐 정도로 중요성이 강조되고 있다.

사회적 동물인 사람은 정상적인 인간관계를 통해서 인간관계가 좋을 때에 삶의 가치를 느끼게 되고, 자신의 존재에 인정을 받음으로서 행복을 느끼게 된다.

이러한 인간관계의 기본 수단은 커뮤니케이션이며, 원만한 인간관계를 형성하고 유지하려면 커뮤니케이션 능력을 유지하여야 하고 이는 지속적인 노력이 필요하다. 더불어 타인의 마음을 상하게 하는 것이 무엇인지 이해하고, 유대를 강화하며, 상대방을 배려하는 정신이 필요하다.

앞으로의 사회에서는 커뮤니케이션 능력이 기본이 되는 인간관계의 균형을 맞출 수 있는 사람이 성공하는 시대가 올 것이기에 올바른 커뮤니케이션 능력은 중요하다고 할 수 있다.

"이제 더 이상 열심히 일하는 것만이 우리의 소원을 이루는 열쇠가 아니다."

현대적인 성공 철학을 정의한 베스트셀러 '카네기 인간관계론'의 저자인 데일 카네기(1888~1955)는 복잡하고 도시적인 관료주의 사회에서 사람을 다루는 능력이야말로 성취와 지위, 번영의 열쇠라고 강조하며, 현대사회에서는 타인과 잘 어울리고 관료주의 환경에서 매끄럽게 일하며 집단에서 리더십을 발휘하는 것이 성공을 좌우한다고 하였다.

카네기의 엄청난 영향력은 단순하지만 심오한 메시지에서 나왔다. 성공하고 싶다면 호감가는 성격을 만들고 타인의 심리적 욕구를 이해하라는 것이다. 그것이 바로 복잡한 현대사회에서 부와 지위를 손에 넣는 열쇠였다.

이처럼 단호한 성품과 엄격한 도덕성이 아닌 인간관계의 중요성을 강조하는 '카네기 인간관계론'의 조언은 실로 폭발적인 반응을 일으키게 되었고, 카네기는 이 책을 통해 오래 전 토머스 제퍼슨이 제창한 '행복의 추구'라는 말의 의미를 정의함으로써 20세기 가장 영향력 인물로 자리매김했다.

4) 커뮤니케이션의 모델

커뮤니케이션의 과정과 구성요소를 설명하는 모델에는 벌로(Berlo,1960)의 SMCR 모델, 쉐논과 위버(Shannon & Weaver, 1949) 모형, 슈람(Schramm, 1954)의 의사소통 과정 모델 등이 있다. 그 중 커뮤니케이션 전달 과정으로 잘 알려져 있는 벌로(Berlo,1960)의 SMCR을 살펴보면 다음과 같다.

S는 sender로 송신자, M은 message, C는 channel, R은 receiver로 수신자를 말한다. 이는 메시지의 내용이 송신자에 의해서 암호화되어 전달되고 수신자가 해독하는 과정을 거치게 된다는 것을 의미한다. 이 과정에서 송신자가 메시지를 보내기 전에 수신자가 잘 알아들을 수 있도록 Encoding(암호화)를 하고 그 암호화된 메시지를 보내면 수신자는 그것을 Decoding(해독)하여 Response(반응)하게 된다. 이 과정에서 Noise(잡음)이 생길 수 있고 전체 고리가 끊어질 수 있으므로 네 가지 구성요소 모두가 각각 성공적으로 전달되어 하나의 의사소통이 완성되어야 한다는 것을 의미하는 모형이다.

Berlo의 S-M-C-R모형

2. 커뮤니케이션의 종류

1) 언어적 커뮤니케이션

상호 접촉을 통한 언어적 커뮤니케이션은 서로 간에 필요한 의미를 정확히 전달하게 해주고 상호간에 친근한 감정이 생기게 해주며 서로에 대한 이해를 촉진시키고 명료성을 증대시킬 수 있다.

또한 상황에 적절한 언어적 커뮤니케이션의 사용은 상대방으로부터 긍정적인 감정과 반응을 이끌어 낼 수 있다. 이러한 언어적 커뮤니케이션은 대면적인 접촉을 통해 즉각적인 피드백을 할 수 있으며 의문을 제기할 수 있고 요점을 분명히 할 수 있으며 전달속도가 빠르다는 장점이 있다(Jandt, 1998).

그러나 의미를 전달하는 데 있어 잘못된 단어를 선택하거나 소통 과정의 잡음으로 인해 부정확하게 의미가 전달되었거나 주어진 메시지를 수신자가 자의대로 해석하는 경우에 언어적 커뮤니케이션의 장애가 발생할 수 있다.

그러므로 효과적인 언어적 커뮤니케이션이 이루어지기 위해서는

첫째, 추상적이고 애매모호한 단어가 아닌 객관적이고 명확한 언어를 사용해야 하며

둘째, 상대방의 외형으로 선입관을 형성하여 이에 근거한 커뮤니케이션을 하지 말아야 하고

셋째, 상대방이 이해하지 못하는 전문용어의 사용을 자제해야 한다.(김상희, 2007).

가. 구두에 의한 커뮤니케이션의 유형

구두에 의한 커뮤니케이션은 커뮤니케이션의 가장 기본이 되는 것으로 정보와 의사전달에 있어 가장 빈번하게 사용되는 방법이다. 여기에는 대화, 지시, 명령, 회의 등이 있다.

구두에 의한 커뮤니케이션의 장점은 메시지를 주고받을 때 특별한 도구나 시간이 필요하지 않다는 용이성, 바로바로 이루어지게 되는 즉시성, 수신자와 송신자가 서로간의 오고가는 쌍방소통이 가능하며, 시간소요가 적다는 것이다. 또한 본인의 생각을 즉각적으로 많이 표현 할 수 있다는 장점이 있다. 그러나 기록이나 유지가 불가능하고 정확성이 부족하다는 단점이 있다.

나. 문서에 의한 커뮤니케이션의 유형

대부분의 커뮤니케이션은 구두에 의해 이루어지나 전달내용이 중요하거나 기록으로 남아야 할 때에는 기록에 의한 방법을 선호하다. 기록에 의한 커뮤니케이션의 방법은 편지, 보고서, 메모, E-mail 등이 있다.

문서적 커뮤니케이션의 장점은 구두에 의한 커뮤니케이션 수단의 한계를 극복할 수 있는 정확성이 높고 기록유지가 가능하다는 것이다. 그러나 메시지를 보내 놓고 답을 받을 수 없는 경우도 발생하여 일방적인 의사소통이 될 수도 있다는 단점이 있다.

2) 비언어적 커뮤니케이션

언어 표현만으로 의사 전달이 충분한 경우도 있으나 언어 표현의 제한으로 인해 감정의 전달을 충분히 할 수 없을 경우, 단시간에 많은 정보 획득이 필요한 상황에서는 비언어적 단서를 활용하여 상대의 감정을 읽거나 자신의 의사를 전달해야 할 경우가 많다(Stiff, Corman, Krezek & Snider, 1994).

Kinesics(키네식스 : 동작학)의 창시자인 Birdwhistell(1955)에 의하면 커뮤니케이션 과정에서 65% 이상이 비언어적 메시지로 전달되며 35%만이 언어적 메시지로 전달된다고 주장했다.

Mehrabian(1969)은 정서 커뮤니케이션의 7%만이 언어 채널에 의해 이루어지고 93%가 비언어 채널에 의해서 이루어진다고 하였다. 또한 Barnum & Wolniansky, Burgoon는 비언어적 커뮤니케이션은 의식적으로는 잘 통제되지 않아 무의식적으로 드러나는 경우가 많아 신뢰도가 높은 편에 속하여 이러한 비언어적 커뮤니케이션은 언어적 커뮤니케이션만큼이나 중요하다고 하였다. 이러한 비언어적 커뮤니케이션은 얼굴표정, 눈 맞춤, 제스처, 자세, 목소리, 이미지 등 대부분의 소통 상황에서 언어와 함께 혹은 단독으로 중요한 의미 전달의 수단이 된다.

비언어적 커뮤니케이션의 장점은 즉시적으로 상대방의 답변을 들을 수 있다는 것이지만, 비언어적 표현을 상대방의 추측에 의해서 오판될 수 있는 가능성이 있어 정확한 메시지를 전달하지 못하는 경우가 종종 발생하며 또한 기록이나 유지가 불가능하다는 단점이 있다.

3. 커뮤니케이션 요소

1) 송신자(Sender)

송신자는 아이디어나 정보를 제공하거나 의사를 전달하는 사람이다. 송신자의 전달 의도와 내용이 커뮤니케이션의 시발점이 된다. 송신자는 자신의 의도와 내용을 각색하고 부호화하여 수신자에게 정확하게 메시지가 전해지도록 하는 노력이 필요하다. 앞서 말한 벌로의 SMCR모델에 따르면 송신자와 수신자의 의사소통기술과 태도, 지식, 그리고 사회체제와 문화양식이 커뮤니케이션에 영향을 미친다는 것을 알 수 있다.

✓보내는 사람(송신자)에 원인이 있어 의사소통이 이루어지지 않는 경우

1. 시점을 못 맞출 때 (예. 받는 사람이 다른 일에 몰두해 있을 때)
2. 의사소통 방법을 잘못 선택했을 때 (예. 말 대신 글)
3. 불쾌한 말투로 전달할 때
4. 의미가 명확하지 않은 단어나 부적절한 단어를 사용할 때
5. 말의 내용과 상반되는 표정이나 제스처를 사용할 때

2) 수신자(Receiver)

효과적인 커뮤니케이션을 위해서는 송신자의 메시지가 수신자에 의해 정확하게 해석되고 그 의미가 전달자의 의도대로 받아들여져야 한다.

수신자는 메시지와 연관된 자신의 역량이나 과거 경험, 가치관, 신념 등에 따라 송신자의 메시지를 해석하고 수용하게 된다. 해석된 메시지가 송신자의 의도와 일치할수록 서로를 이해하게 됨으로써 커뮤니케이션의 효과는 증진된다.

✓ 받는 사람 (수신자)에 원인이 있어 의사소통이 이루어지지 않는 경우

1. 바쁘거나, 다른 생각에 사로 잡혀 있거나, 멍하니 있을 때
2. 메시지를 잘못 이해했을 때
3. 보내는 사람에 대하여 좋지 않은 감정이 있을 때
4. 메시지가 무엇인지 다 알고 있다고 생각하여 주의를 기울이지 않을 때
5. 피곤할 때

3) 메시지(Message)

메시지란 송신자가 수신자에게 전하려는 내용으로 부호화된 결과로 '상대방을 이해시키려는 의도에서 만들어 내는 신호'라고 할 수 있다. 그렇기에 메시지가 명확할수록 커뮤니케이션의 효과가 높아진다.

메시지는 한 가지 종류가 아니며 반드시 언어를 통해 일어나지도 않는다. 물론 언어가 가장 손쉽고 효과적인 방편이긴 하지만 인간은 자신이 목소리를 이용하거나(언어), 몸을 이용해서(비언어) 메시지를 만들어 내는 능력을 타고났기 때문에 손짓이나 발짓, 얼굴 표정 등 비언어로 간단히 메시지를 만들어 보내거나 이해할 수도 있다. 또한 문자나 그림, 상징 등도 훌륭한 커뮤니케이션 수단이 된다.

✓ 메시지에 원인이 있어 의사소통이 이루어지지 않는 경우

1. 너무 길다.
2. 받는 사람이 정확히 내용을 파악할 수 없을 정도로 축약되어 있다.
3. 구체적이지 않고 모호하다.
4. 완전하게 전달될 수 없을 정도로 짧은 시간에 전달이 이루어졌다.

4) 부호화(Encoding)

부호화과정에서는 송신자의 의도를 반영할 수 있는 적절한 매개수단이 필요하다. 매개수단에는 말이나 문자와 같은 언어적 상징과 얼굴표정, 눈빛, 말의 속도, 음의 고저, 자세, 제스처와 같은 비언어적 상징이 있다. 상대방과의 정서적 교류와 공감대 형성을 위해서는 말의 내용보다는 위와 같은 비언어적 상징의 효과가 크다는 연구 결과가 있다.

5) 매체(Channel)

매체는 어떤 경로를 거쳐 수신자에게 전달되느냐 하는 커뮤니케이션의 경로를 말한다. 매체에는 면담, 회의와 같은 직접 경로가 있는데 이러한 상황에서는 음성과 시각이 중요하다. 또한 메신저나 이메일, 화상회의와 같은 간접 경로가 있다. 이러한 매체는 커뮤니케이션이 효과적으로 이루어질 수 있도록 정확하고, 전달내용이 무엇이냐에 따라 다르게 선정되어야 한다.

6) 피드백(Feedback)

피드백은 전달 내용에 대한 수신자의 반응으로 수신자의 의견제시나 특정한 행동을 말한다. 만약 내게 누군가 농담을 하면 웃음을 띠게 되는 것과 같은 것이다. 이러한 피드백은 하루에도 수없이 많은 피드백을 하면서 살아가는 우리에게는 무엇보다 커뮤니케이션의 활력소가 된다는 점에서 중요하다. 그러나 상대방이 자신의 의견이나 감정을 공유하고 있다고 느끼지 않거나 자신의 의사를 전달할 때 상대방이 무반응 또는 회신에 많은 시간이 소요되는 경우 대인 관계뿐만이 아니라 비즈니스 관계가 악화될 수 있는 요소가 될 수 있다.

✓ 피드백에 원인이 있어 의사소통이 이루어지지 않는 경우

1. 보내는 사람이 의도한 데로 메시지가 전달되었다고 단순하게 생각할 때
2. 보내는 사람이 메시지의 피드백 자체에 무관심하거나 피드백 받는 것을 싫어할 때
3. 받는 사람이 보내는 사람에게 피드백을 전달하지 않았거나 전달하려 했다고 해도 제대로 전달되지 않았을 때

4. 조해리 창문(Johari's Window)

<table>
<tr><td colspan="2" rowspan="2">나에 대해서</td><td colspan="2">내가</td></tr>
<tr><td>안다</td><td>모른다</td></tr>
<tr><td rowspan="2">남이</td><td>안다</td><td>① 나도 알고 남도 안다.
(Open)</td><td>② 나는 모르는데 남은 안다.
(Blind)</td></tr>
<tr><td>모른다</td><td>③ 나는 아는데 남은 모른다.
(Hidden)</td><td>④ 나도 모르고 남도 모른다.
(Unknown)</td></tr>
</table>

조해리 창문은 커뮤니케이션을 이해하기 쉽게 도형으로 설명한 것이다. 조세프(Joseph Luft)와 해링턴 잉햄(Harrington Ingham)이 고안했다. 두 사람의 이름을 따서 조해리 창문(Johari Window)라고 부르게 되었다. '조해리의 창(Johari's window)'은 자아 노출이 어떻게 이루어질 때 커뮤니케이션이 확대되는지 보여 준다.

여기서 인간의 자아는 네 가지 영역으로 나뉜다.

1) 열린 자아(open-self)

굳이 따로 노출하지 않아도 사람들이 쉽게 알 수 있는 부분으로 의식적으로 말과 행동, 성별, 나이, 외모, 출신 학교, 직업에 관한 정보 등이 있다.

- 나도 알고 남도 아는 영역으로 자유로운 영역이다. 이곳에서는 개인에 관한 정보가 타인에게 공개적으로 개방되어 있다.

  이 첫 번째 영역이 가장 넓게 나오는 사람은 개방형으로 공개적 영역이 가장 넓은 사람이다. 개방형은 대체로 인간관계가 원만하다. 이들은 적절하게 자기표현을 잘 할 뿐 아니라 다른 사람의 말도 잘 경청할 줄 아는 사람이기에 인기가 있다. 그러나 지나치게 공개적 영역이 넓은 사람은 자칫 '주책스럽다'라는 말을 들을 수도 있다.

2) 눈먼 자아(blind-self)

상대방은 알고 있으나 정작 자신은 모르는 부분으로 남의 얘기를 통해 새롭게 나의 성격을 발견하는 경우 등이 이에 해당한다. 주로 친한 친구나 애인, 오래된 동료가 발견하는 경우가 있으며 나의 목소리, 나의 언어적 행동, 나의 태도, 습관, 자주 쓰는 단어 등이 있다.

- 자신이 볼 수 없는 부분이다. 나에게는 알려져 있지 않으나 상대에게 알려져 있는 정보가 여기에 속한다.

이 영역이 가장 넓은 사람들의 유형은 자기 주장형이다. 이 영역이 넓은 사람은 자신의 기분이나 의견을 느끼는 그대로 표현하여 솔직하고 시원시원한 사람으로 보여 질 수 있다. 그러나 이 유형은 다른 사람들의 의견을 무시하거나 다른 사람들의 반응에 둔감해서 때로는 독단적이며 독선적인 모습으로 비쳐질 수 있다.

3) 숨겨진 자아(hidden-self)

본인 스스로 공개를 꺼리고 비밀에 부치는 부분으로 본인의 단점, 성적, 애정관계나 소득에 관한 정보 등이 있다.

- 나는 나 자신에 대해 잘 알고 있으나 다른 사람들은 모르는 상황과 관련이다. 나에 관한 정보는 남에게 알리지 않고 다른 사람이 알지 못하도록 숨긴다. 또한 남들이 나의 프라이버시를 침범하는 것을 방어함으로써 이 영역을 지키고자 한다.

이 두 번째 영역이 넓은 사람은 신중형으로 다른 사람에게 신중한 사람들이다. 다른 사람의 이야기는 경청하지만 자신의 이야기는 잘하지 않는 유형으로 계산적이고 치밀한 사람들이 많다. 이러한 신중형은 사회에 잘 적응하지만 내면적으로 고독감을 느끼는 경우가 많으며 요즘 현대인에게 가장 많은 유형이다.

4) 모르는 자아(unknown-self)

자신은 물론 남들도 알 수 없는 미지의 부분으로 내면세계에 존재하되, 대인 관계에서는 드러나지 않는 이른바 무의식의 세계, 나의 깊은 욕망, 기대 등이 있다.

- 네 번째 영역이 가장 넓은 사람은 고립형이 있다. 이들은 인간관계에 소극적이며 혼자서도 잘하는 사람들이다. 다른 사람과 접촉하는 것을 불편해 하거나 무관심하여 오히려 혼자 생활하는 것을 더 편안해 한다. 이런 유형 중에는 고집이 세고 주관이 지나치게 강한 사람도 있고, 부적응적인 삶을 살아가는 사람들도 있다.

이러한 영역들은 대인 관계에 따라 변화하면서 커뮤니케이션을 확대 혹은 축소시킨다. 커뮤니케이션 상황을 만나기 전, 중립적인 상태에서는 네 가지 자아 영역이 모두 같은 크기를 지닌다. 그러나 커뮤니케이션이 진행되면서 각 영역의 크기가 변화한다. 상대방과의 상호작용 결과 긍정적인 느낌과 함께 공감대가 형성되면 자신에 대한 정보를 타인에게 제공하는 양이 많아지기 때문에 숨겨진 자아가 줄고 대신 열린 자아가 늘어난다.

또 상대방의 피드백을 통해 전달되는 정보를 바탕으로 눈먼 자아가 줄어들고, 그만큼 열린 자아의 영역이 넓어진다. 즉 자아 노출과 피드백이라는 두 가지 요소가 열린 자아의 영역을 크게 확장시키는 것이다. 물론 상호작용이 부정적인 느낌을 주거나 생소한 관계에서는 숨겨진 자아의 영역이 더 증가하게 되어 커뮤니케이션이 원활하게 진행되지 않는다.

일반적으로 열린 자아의 영역이 늘어날수록 커뮤니케이션이 확대되면서 대인 관계 또한 증진된다. 그러나 자아 노출은 상황에 따라 매우 다르기 때문에 어느 정도가 적절한지에 대한 일률적인 해답은 없다. 자아 노출을 하는 것은 긍정적이지만 자아 노출을 너무 적게 하면 원활한 커뮤니케이션을 할 수 없고, 자아 노출을 너무 많이 하면 사생활 노출이라는 부정적 효과도 있기 때문이다.

그렇기에 사회생활을 하는 인간은 그리 많지도, 그리 적지도 않은 적정 수준의 노출이 필요한 것이다. 그러나 이에 대한 판단은 전적으로 우리 자신에게 달렸다. 올바른 자기 감시(self-monitoring) 자세가 요구되는 것이며, 현재의 상황이 어느 정도의 노출을 필요로 하고, 과연 그만큼 노출을 해도 좋을지 스스로 점검하며 최대한 솔직하게 자아를 노출하는 일이 필요하다.

5. 효과적인 커뮤니케이션 스킬

1) 확인 잘하기

상대방의 이야기를 듣고 일방적으로 자기의 이야기를 하는 식의 대화 방법보다는 상대방의 이야기를 듣고 그 이야기를 내가 어떻게 들었는가를 확인해주는 대화방법이 매우 효과적이다. 이 확인의 과정은 내가 상대방의 이야기를 단순히 듣고만 있는 것이 아니라 이해하고 받아들이고 있다는 것을 알려주는 중요한 수단이기 때문이다. 상대방의 이야기를 듣고 이야기해줄 수 있는 것은 상대가 이야기하고자 하는 사실적인 내용, 사실의 밑바탕에 깔린 상대방의 기분, 상대가 미처 구체화하지 못했거나 구체적으로 표현하지 못한 말속에 숨어있는 뜻과 숨은 기분 등이다. 확인할 때 주로 사용하는 수단은 사실의 확인, 기분의 확인, 숨은 뜻과 기분의 확인(반복, 요약, 공감, 수용, 질문)이다.

2) 공감, 수용하기

상대방의 이야기를 들으면서 말속에 담겨있는 기분을 상대방의 입장에서 공감하고 받아들이는 일은 대인관계에서 가장 중요한 기술이다. 공감이나 수용의 능력이 없다면 상대에게 정보를 제공하고 그가 가지고 있는 사실적인 문제의 해답을 줄 수 있을지 몰라도 진실로 상대를 돕는 것은 불가능한 일이다.

3) 존중과 배려

상대의 이야기를 듣고 있으면서도 상대를 한 사람의 인격체로 존중하지 않는다면 그것은 금방 상대방에게 전달된다. 존중과 배려는 확인하거나 공감하기와는 달리 말 속에 암시되고 있는 경우가 많다.

분명하게 드러나지 않더라도 존중하고 배려하는 태도의 밑바탕 없이는 상대와 한 인간 대 인간으로서 만남은 불가능하다.

4) 비슷한 점 찾기

대인관계에서 상대의 이야기를 듣고 자신과 닮은 점을 찾아서 보여준다는 것은 두 사람의 관계를 깊게 해 줄 뿐만이 아니라 어려움을 겪고 있는 상대에게 용기와 희망을 줄 수 있는 길이 되기도 한다.

5) 칭찬과 격려

상대를 평가, 판단, 분석, 비판, 비난하기 보다는 칭찬, 지지, 격려하는 것이 훨씬 더 효과적일 때가 많다.

6) 분명하게 하기

상대방의 문제해결이나 개선이 필요한 경우에는 문제의 핵심을 포착하고 문제점을 분명히 하도록 하는 일이다.

7) 지지하기

상대방을 지지한다는 것은 자칫하면 상대를 무책임하고 나태하게 만들 염려가 있기 때문에 조심해야 한다. 지지를 한다는 것은 지지를 받는 사람으로 하여금 자기는 유능하고, 가치 있는 존재라는 믿음을 더 강하게 가질 수 있도록 해야 하는 것이다.

8) 진실성

있는 그대로의 자신을 보인다는 것은 상당한 용기가 필요하다. 솔직하게 이야기할 때 때로는 남의 감정을 상하게 하거나 미움을 받을 가능성도 있고 무시당할 수도 있다. 그러나 이러한 어려움을 무릅 쓰고 마음속에 있는 생각과 느낌을 있는 그대로 나타내지 않으면 상대에게 신뢰감을 주기 어려울 것이다.

9) 피드백

우리들의 일상생활이란 끊임없는 피드백의 일상이다. 우리들은 다른 사람들과 만나는 순간부터 우리들의 행동이 그 사람에게 전달되었는가를 그 사람의 반응을 통해 알아내고, 또한 그 사람의 행동이 나에게 미친 영향을 그 사람에게 되돌려 보낸다. 그러므로 내게 부정적인 반응을 보이는 상대방의 반응을 받아들이고 더 나아가서 그 상대를 받아들여서 상대가 나를 좋아하게 만들려면 효과적인 피드백을 해야 한다.

Imagemaking
Communication
Interview

이미지메이킹에서 면접까지

제9장

대화법

눈은 마음의 거울이라고 하듯 말씨는 그 사람의 인격이다. 마음을 어떻게 가지느냐에 따라 말씨도 달라진다. 말씨는 본인의 마음의 표현으로서 상대방에게 그 마음이 전달되도록 바르게 표현하는 것이 첫째 목적이다. 준비 없이 말을 하게 되면 단 한마디로도 상대방의 마음을 상하게 하는 경우도 있다. 이런 모든 마음의 표현들은 상황에 맞는 대화를 통해서 전달할 수가 있다. 마음을 표현하는 방법 중에 바람직한 언어표현과 언어예절을 익혀 상대방에 대한 배려를 표현하고 상대방이 정말 필요한 것이 무엇인가를 파악하고 항상 생각하면서 말하고 들어야만 좋은 대화를 할 수 있다.

사람의 마음을 열기 위한 대화법 10계명

1. 상대방의 입장과 상황을 헤아려본 뒤 말한다.
2. 상대의 눈높이에 맞춰 쉽고 편한 말투로 얘기한다.
3. 다른 데 한 눈 팔지 않고 오직 대화에만 집중한다.
4. 상대의 취향과 가치관이 나와 다르더라도 존중한다.
5. 상대를 이기겠다는 생각을 버리고 대화에 집중한다.
6. 상대방의 꿈과 이상에 대해 기대감을 나타낸다.
7. 상대방의 능력을 인정해주고 용기를 북돋아 준다.
8. 상대의 아픔을 내 일처럼 받아들이고 위로를 건넨다.
9. 의견이 다르더라도 상대가 말할 권리를 제한하지 않는다.
10. 사적인 얘기를 먼저 털어 놓으면 쉽게 가까워진다.

– 적도 내 편으로 만드는 대화법 (이기주 지음) 中–

1. 경청하기

최고의 설득은 경청에서 시작된다는 말이 있다. 다른 사람의 이야기를 잘 들어주기만 해도 충분히 내 편을 만들 수 있게 된다. 설득력이 강한 사람일수록 적게 말하고 많이 듣는다. 자기의 말을 많이 하는 사람을 싫어하고 잘 들어주는 사람에게 호감을 느끼게 되고 신뢰감이 커진다는 인간의 심리를 잘 알고 있기 때문이다. 말을 잘하는 사람이 되려면 우선 먼저 들어야 한다. 말 잘하는 사람이 되기보다는 반대로 훌륭한 경청인이 되는 것이 훨씬 효과적이다. 그렇다고 무작정 이야기만 듣고 본인은 아무런 말없이 잠자코 있어서는 안 된다. 왜냐하면 말없이 잠자코 가만있으면 오해를 사기 쉽기 때문이다.

상대방에 대한 배려, 상대방이 정말 필요한 것이 무엇인가를 파악하기 위해서는 항상 생각하면서 말하고, 경청을 해야 한다.

들을 때는 단순히 귀로 소리만을 듣는 것이 아니라 정확하게, 이해하며 듣는 것이 진정한 '경청하기'의 의미이다. 이것은 말하는 사람의 의도를 잘 이해하면서 듣는다는 의미이기도 하다.

효과적인 경청은 상대방이 전하는 메시지의 핵심을 읽어낼 수 있어야 한다. 또한 상대가 말하는 것 이면에 숨어있는 메시지까지 놓치지 말고 읽어내야 한다. 이렇게 타인의 말을 잘 들어주려면 꾸준한 연습이 필요하다.

카이 롬하르트는 〈지식형 인간〉

경청하기 위한 10가지 방법

1. 개 방 성 : 다른 사람을 설득하려 하지 말고 먼저 그의 생각을 받아들인다.

2. 너그러움 : 당신이 옳다는 것을 증명하기보다는 함께 좀 더 나은 지식을 찾기 위해 노력한다.

3. 관 용 : 극단적인 표현은 삼가고 그 진위를 증명할 수 없는 궁극적인 진리를 근거로 주장하지 않는다.

4. 세 분 화 : 허용될 수 없는 일반화와 확실하지 않은 지식은 사용하지 않는다.

5. 균 형 : 너무 많이 그리고 너무 오래 말하지 말고 늘 대화 상대를 살핀다.

6. 현 재 성 : 상대방과 교감 상태를 유지하며 상대의 말을 진심으로 경청한다.

7. 동 감 : 상대방의 입장과 처지를 이해하며 논리적으로 지적하며 추궁하지 않는다.

8. 구 체 화 : 자신을 움직이는 동기에 대해 구체적으로 말한다. 비약하지 말고 차근차근 설명하며 전문적인 학술용어를 쓰지 않는다.

9. 동 등 권 : 대화에서 다른 사람과 평등한 관계를 유지하며 상대방을 시험하는 듯한 태도를 취하지 않는다.

10. 공간과 시간의 허용 : 상대의 말을 끊으며 자기주장을 강요하지 않는다.

1) 경청의 종류

가. 소극적 경청(침묵)

- 아무런 말도 하지 않은 것은 수용한다는 것을 말해 주는 것이다. 소극적 경청은 상대방으로 하여금 더 많은 이야기를 털어놓도록 격려해 주는 효과적인 비언어적인 메시지이다. 본인이 말을 많이 하면 상대방은 자신의 문제를 이야기 할 수 없다. 내가 침묵하면서 상대방의 이야기를 수용하며 경청하면 공감과 온정을 전달할 수 있다.

나. 승인 반응

- 화자는 상대방이 이야기하는 동안에 깊은 관심을 기울이고 있다는 메시지를 전달해 주어야 한다. 고개를 끄덕이는 것, 몸을 약간 상대방 쪽으로 기울이는 것, 미소 짓는 것, 그 외의 몸짓을 적절히 사용하면 상대방으로 하여금 내가 정말 듣고 있다는 사실을 느끼게 해준다.

  "아, 그랬군요", "오, 그랬어요?" 등과 같은 짧은 언어적인 메시지를 보내 줌으로써 상대방의 이야기를 더 끌어낼 수 있다. 그러나 승인 반응은 상대방의 의사소통을 촉진해 주기는 하나 매우 미약하며, 어느 정도 수용된다는 것을 전해 주기는 하나 정확한 증거를 제시해 주진 못한다.

다. 말문을 열게 하는 반응

- 이것들은 상대방에게 화자의 시간을 할애하여 듣기를 원한다는 것을 알려주는데 효과적이다. 상대방이 이야기를 꺼내도록 하기 위하여, "그것에 대하여 좀 더 이야기 해줄래요?", "그것 참 재미있네요. 계속해 보세요."와 같은 것들이다.

  이런 메시지들의 특징은 "예, 아니오" 로 대답하는 대신 끝이 열린 질문 및 진술로서 자신의 생각을 이야기할 수 있도록 해주는 것이다. 또 상대방이 말한 내용에 대하여 어떠한 평가도 하지 않는다는 것이다.

라. 적극적 경청(반영적 경청)

- 침묵, 승인, 말문을 여는 반응 등에는 한계가 있다. 즉, 많은 상호작용이 일어나지 않는다. 효과적인 경청은 훨씬 더 많은 상호작용을 일으킬 수 있어야 하고 일방적으로 단순히 듣기만 하는 것이 아니라 상대방의 속마음을 정확히 이해하고 그 증거를 제시할 수 있어야 한다.

상대방의 말에 경청하는 가장 효율적인 기술은 메시지를 표현하지 않고 다만 상대방이 말한 메시지를 그대로 반영해 주거나 다시 상대방의 반응을 반복해서 확인하는 것이라고 할 수 있다. 또한 분석하고 평가, 조언, 충고, 비평하는 것이 아니라 상대방이 의도하는 것이 무엇인가에 초점을 두고 듣는 것을 말한다.

2) 경청의 효과

가. 경계심이 감소된다.
나. 호감을 산다.
다. 인간관계가 원만해진다.
라. 상대의 감정, 느낌, 생각에 더 많은 정보를 얻는다.
마. 효과적으로 설득할 수 있다.

3) 효과적인 경청 방법

가. 상대의 말에 집중하기

- 효과적인 경청을 위해서는 무엇보다 상대와의 대화를 하는 것에 있어 건성으로 듣지 않고 정신을 집중해서 듣는 것이다. 상대의 위치가 되어 진지한 자세로 듣는 것이 무엇보다 중요하다. 그리고 상대가 말하는 것을 끝까지 경청하고 중간에 끼어들거나 말을 끊지 않도록 한다.

나. Eye contact 하기

- 대화중의 시선은 상대를 바라보고 있어야 한다. 상대의 눈을 바라본다는 사실은 상대에게 집중하여 경청하고 있다는 무언의 의사표시가 되므로 대화중에는 항상 상대의 눈을 맞추어 상대의 말에 진지하게 경청하고 있다는 것을 전달할 수 있도록 한다. 이때 상대의 눈을 맞추는 것이 불편하다면, 상대의 얼굴, 미간, 턱끝, 정수리, 혹은 목의 V-zone 부분을 보면 훨씬 편안하다.

다. 맞장구치기

- 대화를 잘하는 사람은 말을 잘하는 사람이 아니라 잘 들어주는 사람이라는 말이 있다. 1,2,3화법은 1분간 말하고 2분간 들어주고 3번 이상 맞장구 쳐주는 기법으로 전체 대화의 70%는 경청하며 맞장구치는데 집중하라는 내용이다.
  맞장구를 치면 상대는 더욱 많은 이야기를 하게 되기 때문에 상대의 말을 듣는 중에도 그냥 아무 반응 없이 듣기만 하는 것이 아니라 중간 중간에 '정말입니까?', '아, 그래요?' 등의 맞장구로 반응을 보이는 것이 좋다. 가벼운 맞장구를 통해 상대방의 의견에 대해 공감이나 감정을 표현하여, 상대방의 기분을 북돋아주고 대화를 유쾌하게 만들어 갈 수 있다. 고개를 끄덕이거나 눈 맞춤, 고개를 갸우뚱하는 행동인 맞장구를 해 주는 화법이 필요하다.

라. 적절한 질문하기

- 상대가 말할 때 듣기만 하는 것도 좋지만 대화에 의문이 나는 사항은 대화중에 적절한 질문을 하여, 상대방의 의도와 신념, 입장, 계획 등을 정확히 알아보아야 한다. 대화는 상호 의사교환이어야 하지 한 사람의 일방적인 연설과 같은 대화는 바람직하지 않으므로 질문을 통해서 자신의 관심도 표현하고 대화를 더욱 흥미롭게 이끌어 나갈 수 있다.

마. 공감의 확인

- 대화가 끝날 시점이 되면 두 사람이 어떤 사안에 대하여 의견의 일치, 혹은 공감을 하게 되었는지 아니면 그렇지 않은지 확인되어야 한다. 대화는 상호 의사교환을 통해 공감대를 형성해서 상대와 감정이입을 효과적으로 이끌어주므로 대화중의 공감대 확인은 서로의 관계를 더욱 친근하게 만들어 준다.

바. 반복하기

- 상대방이 한 말의 일부를 반복하는 것은 상대방에게 그의 말을 "경청하고 있다."거나 이해하고 있다. "계속해라"는 메시지를 준다. 상대방이 강조해서 한 말이나 중요한 부분이라고 생각되는 곳을 반복해서 확인하면 상대방과 소통하는 것에 도움이 된다.

사. 요약하기

- 요약은 상대방의 말한 내용의 핵심을 압축하여 짧게 말하는 것으로 종합적인 확인이라고 할 수 있다. 요약을 잘하면 상대방으로 하여금 자신의 말과 심정을 간단명료하게 이해할 수 있도록 돕는 결과를 가져올 수 있다.

4) 경청 방해요인

가. 집중력의 부족

- 남의 말을 듣는 것은 일정한 의지와 노력이 필요하다. 경청은 모두 두뇌의 복잡한 정보처리 과정과 집중력이 요구되는 행위다.

나. 지나치게 경청에 열중(listening too hard)하는 경우

- 이것은 경청 자체에 지나치게 몰입해 그 이면에 담긴 화자의 의도나 심층적인 의미를 파악하지 못하는 결과를 초래할 수 있다.

다. 너무 빠르게 결론을 내려 버리는 행동

- 상대가 모든 이야기를 끝내기도 전에 스피치의 서두 부분에서 "들으나 마나 저 사람의 결론은 ~일 거야"라고 단정하고 청취하는 것이다. 따라서 화자가 제시하는 주장, 논거, 입증 자료 등이 객관적으로 전달되지 않고, 청자의 성급한 결론으로 만들어진 편견의 시각에서 메시지의 정보가 처리될 수 있다.

라. 화자의 메시지에 귀를 기울이기보다는 화자의 전달(delivery) 스타일이나 개인적 외모(appearance)에만 집중하는 경우

- 화자가 사용하는 어법이나 사투리, 전문용어 등을 집중적으로 관찰하거나 화자의 복장, 외모, 액세서리 등에 초점을 두고 정작 스피치 내용에는 관심이 없는 경우를 예로 들 수 있다.

2. 말하기

1) 말하기 유형에 따른 특성

말하기의 종류는 목적과 방법에 따라 여러 가지로 분류된다. 화자와 청자가 주고받는 말의 방향에 따라 일방적 말하기와 쌍방적 말하기로 나눠진다. 커뮤니케이션에서 완벽한 일방적 말하기는 존재하지 않겠지만, 여기에서 일방적 말하기는 화자와 청자의 처지가 뚜렷하게 구분되는 상황을 말한다. 화자의 상황에 따라서 사적인 말하기와 공적인 말하기로도 나눌 수 있다. 일상생활에서 가족, 또래집단, 직장 동료와 사교목적의 대화는 사적인 말하기에 속한다. 공적인 말하기는 1:多로 둘이상의 사람들 앞에서 정해진 형식과 과정에 맞게 혼자 이야기를 하는 연설이나 토론, 강연이 여기에 해당된다. 이러한 말의 방향과 화자의 상황에 따라 김종택 외(2005)는 다음과 같이 말하기 유형을 분류, 제시하고 있다.

화자의 상황과 말의 방향에 따른 말하기 유형(김종택 외, 2005)

구분	사적인 말하기	공적인 말하기
일방적 말하기	칭찬, 부탁	강의, 강연, 연설
쌍방적 말하기	일상적인 대화	토의, 토론, 회의

2) 말하기 유의점

가. 친절한 목소리로 말한다.

- 표정에 따라서 목소리 톤이 달라진다. 표정을 밝게 하면 밝은 목소리를 낼 수 있다는 사실을 염두 하면서 말하기를 한다.

나. 신뢰감이 느껴지는 목소리로 말한다.

- 콧소리나 애기 같은 목소리에서는 신뢰감이 느껴지지 않는다. 여성스럽고 귀여워 보일 수는 있으나 비즈니스나 공적인 상황에서는 어울리지 않는 목소리이며, 프로다운 느낌이 들지 않는다. 깊이 있는 신뢰감을 주기 위해 복성 훈련을 통한 말하기를 한다.

다. 정확한 발음으로 말한다.

- 입을 크게 벌려서 발음을 정확하게 한다. 호흡을 적절하게 조절하지 못하여 문장의 끝말을 흐린다거나 입을 크게 벌리지 않고 발음하는 습관으로 웅얼거리는 말처럼 들려 상대방이 잘 알아듣지 못하게 하거나, 지나치게 코 소리를 많이 내면 발음이 부정확하게 들린다.

  이러한 습관을 고치기 위해 다음과 같은 노력을 해야 한다.

  첫째, 입 주변의 근육을 풀어주는 다양한 운동을 해야 한다. 입주변의 근육을 풀어주지 않을 경우 발음이 부정확하게 나올 수 있기 때문에 아-에-이-오-우 등을 하여 입 주변의 근육을 이완시켜 주는 것이 좋다.

  둘째, 거울을 보고 발음이 어려운 부분을 지속적으로 연습한다. 사람들마다 어려워하는 발음이 있기에 거울을 보며 입모양을 바르게 하여 바른 소리를 내는 연습을 해주는 것이 중요하다. 습관에 의해 발음이 안 되는 경우 충분히 연습을 한다면 조금 더 정확한 발음을 할 수 있게 된다.

셋째, 전달하고자 하는 내용을 머릿속으로 정리 후 대화의 속도를 낮춘다.

빠른 속도록 말을 하거나 정리되지 않은 상태에서 말을 할 경우 발음이 꼬이거나 전달하고자 하는 내용의 목적을 잃어버리기 쉽다. 그렇기 때문에 대화할 때 머릿속으로 정리한 후 천천히 강조가 필요한 부분을 또박또박 정확한 발음으로 이야기하는 것이 중요하다.

발성 연습

1. 들의 콩깍지는 깐 콩깍지인가 안 깐 콩깍지인가. 깐 콩깍지면 어떻고 안 깐 콩깍지면 어떠냐. 깐 콩까지나 안 깐 콩깍지나 콩깍지는 다 콩깍지인데.
2. 간장 공장 공장장은 강 공장장이고, 된장 공장 공장장은 공 공장장이다.
3. 작년에 온 솥 장수는 새 솥 장수이고, 금년에 온 솥 장수는 헌 솥 장수이다.
4. 상표 붙인 큰 깡통은 깐 깡통인가? 안 깐 깡통인가?
5. 저기 저 뜀틀이 내가 뛸 뜀틀인가 내가 안 뛸 뜀틀인가.
6. 앞집 팥죽은 붉은 팥 풋 팥죽이고, 뒷집 콩죽은 해콩 단콩 콩죽, 우리 집 깨죽은 검은깨 깨죽인데 사람들은 해콩 단콩 콩죽 깨죽 죽 먹기를 싫어하더라.
7. 우리 집 옆집 앞집 뒤 창살은 홑겹창살이고, 우리 집 뒷집 앞집 옆 창살은 겹홑창살이다.
8. 내가 그린 기린 그림은 긴 기린 그림이고 니가 그린 기린 그림은 안 긴 기린 그림이다.
9. 저기 계신 저 분이 박 법학박사이시고, 여기 계신 이분이 백 법학 박사이시다
10. 중앙청 창살은 쌍 창살이고, 시청의 창살은 외 창살이다.
11. 멍멍이네 꿀꿀이는 멍멍해도 꿀꿀하고, 꿀꿀이네 멍멍이는 꿀꿀해도 멍멍하네.
12. 도토리가 문을 도로록, 드르륵, 두루룩 열었는가?

라. 말의 속도에 유의한다.

- 듣고 말할 때 가장 좋은 속도는 1분에 360자 정도이다 느린 속도는 내용을 정확하게 전달할 수 있는 반면에, 자칫하면 자신감 없어 보일 수 있으며, 상대방의 주위를 흐트러지게 할 수 있다. 빠른 속도의 말은 상대방으로 하여금 긴장감을 갖게 하고 지루하지 않게 느끼게 하는 효과가 있다, 반면에 말하는 사람이 경박스러워 보이기 쉽다.

  또한, 중요한 것은 같은 속도로 대화 도중에 변화 없이 처음부터 끝까지 말하는 것은 좋지 않다는 것이다. 내용의 흐름에 따라서 적당한 변화를 주는 것이 더 효과적이기에 때문에 때와 상황에 적절하게 조절하여 사용해야 한다.

3. ‘나’ 메시지(I–message)와 ‘너’ 메시지(You–Message)

'나' 메시지는 P.E.T의 창시자인 토머스 고든(Thomas Gordon)이 고안한 용어'이며, 나' 메시지(I-massage)는 '나-전달법' 이라고도 한다. 또는 '나-진술문 (I-statement)'이라고도 한다. 이는 의사소통을 할 때 ‘나’를 주어로 하는 표현으로 예를 들면 “네가 ~했을 때, 나는 ~했다. 왜냐하면 너의 말(또는 행동)은 내 감정을 ~하게 만들었기 때문이다.” 처럼 말하는 것이다. 이 방법은 상대방의 행동을 비난하지 않으면서 자신의 진실한 마음과 감정을 드러내 줄 수 있다. 또 상대방에게 나를 더 잘 알릴 수 있게 되어 결과적으로 상대방으로 하여금 그들의 마음을 정직하게 열 수 있도록 용기를 준다. 이 기술은 대인관계에서 매우 중요한 기술이다.

당신이 지난 한 해 동안 실시한 업적을 정리하여 여러 중역들 앞에서 발표하고자 하는데, 발표내용에서 부하가 작성한 보고서에 숫자가 틀려서 곤욕을 치루었다. 이때 당신은 어떻게 반응을 보이겠는가?

대부분의 경우 "당신이 틀렸어. 당신 때문에 내가 망신을 당했잖아."처럼 너-메시지를 사용한다.

우리는 상대방의 행동이 문제가 되어 나 자신의 감정이 불쾌해질 경우, 대부분 '너'를 주어로 사용하여 (You-Message) 문제해결을 시도하려고 한다.

'너' 전달법은 의사표현을 "너는...하다." 라는 표현을 사용하여 상대방의 마음에 상처를 주어 상호관계를 파괴할 가능성이 있고 상대방에게 일방적으로 강요하거나 공격하는 느낌을 준다. '너'를 주어로 하는 상대방의 행동에 대한 비평은 '나' 메시지와는 대조적인 대화 방식으로 상대방에게 일방적으로 강요받고 비난당하는 느낌을 줄 수 있기에 생산적인 의사소통과 인간관계에 방해가 될 수 있다.

'나' 메시지와 '너' 메시지의 가장 뚜렷한 차이는 초점을 어디에 맞추는가에 있다. 다시 말해, 똑같은 행동에 대해 이야기 할 때라도 자신의 관점에서 느낀 것을 말하는지 아니면 상대방에게 바라는 것에 초점을 맞추는지에 따라 받아들이는 입장에서는 다르게 느끼게 되는 것이다.

'너' 메시지 전달 방식의 예

선생님 : 영철아, 너 왜 만날 지각하니?
네가 그렇게 게을러서야 어떻게 살아가겠니?
학　생 : 나는 틀려먹었구나. 창피하다. 내 사정도 모르는 선생님이 밉다.
계속 지각해서 선생님을 괴롭혀야겠다.

'나' 메시지 전달 방식의 예	
선생님 :	영철아 , 네가 자꾸 지각 하는 것이 나에게 문제가 되는구나. 선생님은 네가 걱정된단다. 왜냐하면 나는 네가 책임감 있는 학생이 되기를 바라기 때문이야. 난 널 훌륭하게 교육하고 싶거든. 앞으로는 수업시작 5분전까지 와 주겠니? 그리고 지각할 만한 사정이 생기면 미리 전화해주렴.
학 생 :	음. 선생님은 내가 잘되기를 바라시는 구나. 선생님 말씀이 옳아! 일찍 학교에 와야겠다.

1) '나' 전달법의 효과

가. 솔직성

- 상대방에게 나의 입장과 감정을 솔직하게 전달하는 기능을 하기에 개방적이고 솔직하다는 인상을 줄 수 있다. 누구든 솔직한 이야기를 들으면 함께 솔직해 지기 쉽고 훨씬 진지하게 대화에 임할 수 있게 된다. 또한 나의 생각과 감정을 전달함으로써 상호 이해를 증진시킨다.

나. 완전성

- '나' 전달법은 완전한 메시지를 전달한다. '너' 메시지처럼 단순히 "...하다." 라고만 단정적으로 말해주는 것이 아니라, 전후 사정과 그것에 대한 나의 입장까지 알려주는 것이기 때문에 '나-전달법'은 완전한 메시지라고 할 수 있다.

다. 방어심리의 해소

- 나의 느낌을 저항 없이 수용하고 스스로 문제를 해결하려는 의도를 갖게 되어 저항 대신 협력을 얻을 수 있다.
  '나' 메시지는 상대방을 직접 판단, 평가, 공격하는 것이 아니기 때문에 상대방으로 하여금 방어심리를 덜 유발한다. 다시 말해서, 상대방은 '너' 메시지의 경우 보다는 '나' 메시지를 통해서 훨씬 편안하게 대화에 임할 수 있다.

2) '나'- 전달법의 3요소

가. 수용할 수 없는 불만족한 행동에 대해 비난이나 비평 없이 설명한다.

나. 그 행동이 자신에게 미치는 구체적인 영향을 말한다.

다. 상대방의 행동이나 구체적인 영향에 대한 자신의 감정이나 느낌을 말한다.

예 "내가 저녁 뉴스를 보고 있는데 네가 떠들면 (행동), 나는 정말 짜증이 난다. (감정) 왜냐하면 나는 뉴스에서 무슨 소리를 하는지 들을 수 없거든. (구체적인 영향)

예 "누가 발을 헛딛어서 계단에서 떨어 질까봐 (행동) 나는 정말 걱정이 된다. (감정) 왜냐하면 누가 다치게 되면 내가 보살펴 주어야만 하기 때문이다. (구체적인 영향)

예 "네가 차안에서 장난을 치면 (행동), 나는 정신이 산만해지고 운전하는데 집중이 안 되고 두려워져.(감정) 꼭 사고가 날것만 같아. (구체적인 영향)

위에서 보여주는 예처럼 '나'-전달법은 자신의 주관적인 평가, 비판, 비난의 의미를 담지 않고 객관적인 사실만을 말하고, 상대방의 행동이 자신에게 미친 영향을 구체적으로 말한 후에 마지막으로 그러한 영향 때문에 생겨난 감정을 솔직하게 말하는 것이 중요하다.

4. 대인관계를 향상시키는 대화기법

현대사회를 '대화의 시대' 또는 '협상의 시대' 라고 규정짓는 것도 대화를 단순히 의사소통만을 위한 방편만이 아니고, 대화를 통해서 타인과 잘 교섭하고 사람의 마음을 움직이게 함으로서 한 개인이나 기업의 성공이 좌우되기도 하기 때문이다. 뿐만 아니라 대화는 말하는 사람의 인격과 그 사람의 능력, 또는 가치관, 세계관 등을 나타내기도 하고 자신의 내면의 세계를 타인에게 전달하는 자기표현의 중요한 수단이기도 하므로 올바른 대화의 요령이나 표현법을 익혀서 사회생활에서 원만한 인간관계를 이루고 더욱 호감가는 이미지를 만들도록 한다.

1) 긍정의 표현

긍정적인 단어를 많이 사용하게 되면 상대에게 좋은 인상을 심어줄 수 있고 이러한 모습들이 모여 나의 이미지가 된다. 상사로부터 “OOO씨, 이거 좀 도와줄래요?” 등의 부탁을 받았을 때 “지금 다른 업무 중이라 안 됩니다.”라고 바로 거절하는 것보다 “지금은 안 되지만 30분 뒤에 해드려도 괜찮으시겠어요?” 또는 “하고 있는 일을 마무리하고 도와드리겠습니다.” 라는 긍정적인 표현을 사용하는 것이다.

또한 "신분증을 사본으로 보내주지 않으면 처리가 안 되는 상황 입니다." 라고 부정적인 멘트를 하는 것이 아니라 "신분증에 사본을 보내주시면 처리가 가능하십니다." 라고 긍정적인 멘트를 사용하는 것이 긍정화법이라고 볼 수가 있다. 즉, 긍정의 대답은 나를 긍정적인 사람으로 만들어 주고, 나의 전문성을 높일 수 있다. 그리고 "불가능하다."는 말의 언급 보다는 "가능하다." 라는 멘트를 더 많이 사용하기 때문에 상대방으로 하여금 업무 처리에 신뢰를 느끼게 할 수 있다.

2) 레어드 화법

심리학자 레어드의 화법을 말하는 것이다. 사람은 누구나 자신의 의지로 움직이고 싶어 하며 타인으로부터 지시나 명령을 들으면 마음속에 저항심이 생긴다. 함께 의논해야 하는 상황에서 '이렇게 하세요.' 라고 하지 않고 '이렇게 하는 것이 어떻습니까?' 라고 상대방의 의견을 구하면 거부감을 불러일으키지 않고 자신의 의견을 적절히 제시할 수 있다. 해결방안을 모색하는 것처럼 결정권은 타인에게 맡기되 필요한 경우 의뢰형 문장으로 부드럽게 리드할 수 있다.

"~해주시겠습니까?" "~해주시면 감사하겠습니다." 등의 의뢰형이나 청유형 형식으로 바꾸어 주어 부드럽게 표현하면 상대방으로 하여금 존중을 받는다는 느낌 또한 줄 수 있다.

예 ~해주시겠습니까?
~알려주시겠습니까?
~말씀해주시겠습니까?
~괜찮으시겠습니까?

3) 부드러운 쿠션언어(CUSHION 화법)

쿠션화법은 쿠션의 역할처럼 충격을 흡수하여 말을 부드럽게 만드는 화법이다. 자기가 원하는 것을 직설적으로 말하는 것이 아니라 "실례합니다." 와 같은 쿠션언어를 덧붙임으로써 표현을 조금 더 부드럽게 만들어준다.

특히 부정적인 답을 해야 하거나 부탁을 할 때 "괜찮으시다면", "바쁘시겠지만..", "죄송합니다만~" 등의 쿠션 언어는 그다음 내용을 부드럽게 연결시켜 관계를 좋게 할 수 있는 촉매제가 된다.

예를 들어 "어제 부탁드린 보고서 지금 바로 보내주실 수 있나요?" 라는 문장을 쓰는 것 보다 쿠션언어를 사용해 "바쁘시겠지만, 어제 부탁한 보고서 지금 보내주실 수 있을까요?"라는 문장이 말투를 더 부드럽고 친밀감을 주게 한다.

이처럼 쿠션언어는 문장 앞에 몇 마디만 더 했을 뿐인데, 상대방에게 존중받고 배려받고 있다는 느낌을 가지게 하는 언어라 할 수 있다.

쿠션용어의 예	
안돼요	죄송합니다만, 처리가 곤란할 것 같습니다.
없어요	죄송합니다만, 지금 찾으신 것은 없습니다.
몰라요	죄송합니다만, 제가 바로 확인해 드리겠습니다.
기다리세요	죄송합니다만, 잠시만 기다려 주시겠습니까?

4) Yes/ But 화법

대화를 성공적으로 이끌기 위해서는 우선 상대방의 얘기에 '아니오' 의 부정적인 'but' 보다는, 맞장구를 쳐주는 식의 긍정의 'yes' 로 들어주고, "그러나 내 생각은 이렇다." 식으로 진행이 되면 그 대화는 성공적으로 마무리를 할 수가 있다.

이와 같이 Yes/ But 화법은 의견차이가 있을 때 상대의 기분을 상하게 하지 않으면서 자신의 의견을 제시하는 화법이다. 'Yes' 에서 공감을 한 다음 'but' 이하에서 어떤 내용으로 자신의 주장을 펼치느냐가 중요하다. "당신은 틀렸다. 내 말이 옳다." 라는 말을 Yes/ But 화법으로 바꾸면 "당신의 말도 일리가 있다. 하지만 내가 알고 있는 사실을 이렇다."와 같다.

상대방의 주장이 분명히 잘못되었고, 자신의 주장이 옳다는 확신이 있어도 이를 노골적으로 표현하지 않고, 상대의 의견에 공감한다는 요지로 존중해주고 자신의 의견이 옳다고 말하는 대신 상대와 다르다는 점만 밝히는 것이 Yes/ But 화법의 중심이다. 또한 "할 수 없습니다.","죄송합니다만, 하기가 어렵습니다."와 같이 부정문으로 끝나는 말을 상대방이 듣기 좋게 긍정문으로 표현하는 것이기에 적대감을 줄일 수 있다.

Yes/ But 화법의 예	
모릅니다.	제가 알아봐 드리겠습니다.
안됩니다.	...면 가능합니다.
못합니다.	다해 드리겠습니다.
할 수 없습니다.	도와드릴 수 있는 방법을 최대한 찾아보겠습니다.

5) 아론슨 화법

아론슨은 미국의 심리학자의 이름이다. 이 화법에 대해 연구해서 아론슨 화법으로 불리운다. "가격은 비싸지만 품질은 정말 좋다"와 같이 어떤 대화를 나눌 때 부정과 긍정의 내용을 혼합해야 하는 경우 기왕이면 부정적인 내용을 먼저 말하고 끝날 때는 긍정적 의미로 마감을 하면 전체적 대화 이미지가 좋아지게 된다는 것으로 특히 고객 응대 시에 효과적인 화법이다.

6) 칭찬기법

1968년 하버드대 사회심리학과 교수 로버트 로젠탈과 20년 이상 초등학교 교장을 지낸 레노어 제이콥슨은 샌프란시스코의 한 초등학교에서 전교생을 대상으로 지능검사를 한 후 실제 점수와 상관없이 무작위로 뽑은 20%의 학생들을 '지적 능력이나 학업성취의 향상 가능성이 높다고 객관적으로 판명된 학생들'이라고 알려줬다. 8개월 후 다시 전교생의 지능검사를 실시해 비교했더니 앞서 말한 명단에 속한 학생들의 평균점수가 일반 학생들보다 약 4점이나 향상됐고 성적도 큰 폭으로 오르는 결과가 도출됐다. 교사들이 20%의 학생을 영재 대하듯이 최선을 다해 가르친 것이다.

이 같은 현상을 학계에서는 자신의 조각품과 사랑에 빠진 조각가 피그말리온의 이름을 딴 '피그말리온 효과' 또는 '교사의 기대효과'라고 지칭한다. 심리학적으로는 '자성적 예언' 혹은 '자기 충족적 예언'이라고 하는데, 어떤 예언이 형성되면 그 예언이 인간

행동에 구속력을 가하여 예언의 실현을 위한 행동을 하게 되는 사회 심리적 매커니즘을 뜻한다.

이와 반대로 다른 사람에게 무시당하고 부정적인 낙인이 찍히면 행태가 나빠지는 '스티그마 효과'도 있다. 스티그마는 윤리적으로 용납될 수 없는 죄를 저지른 이들에게 찍는 일종의 낙인의 흔적을 의미하여 낙인효과라고도 한다. 상대방에게 낙인이 찍혔다고 생각이 든 후 아예 삐뚤어진 세계로 진입하는 행태를 뜻한다. 미국 어느 교도소의 재소자 90%는 성장하는 동안 부모로부터 "너 같은 녀석은 결국 교도소에 갈 거야"라는 소리를 들었다고 한다.

하지만 칭찬이 모두 같은 효과를 내는 것은 아니다. 칭찬에는 평가적인 측면이 있기 때문에 칭찬을 남용할 경우 칭찬받은 사람들은 타인의 평가를 지나치게 의식하게 된다. 좋은 칭찬은 결과가 아닌 행동과 노력에 초점을 맞출 때 효과가 배로 된다. 노력에 대한 칭찬은 과정에 대한 것이기 때문에 보다 구체적으로 표현된다.

반면 능력에 대한 칭찬은 결과에 대한 칭찬이므로 '잘했다' 혹은 '못했다' 로 짧게 표현되고, '똑똑하다'와 같은 결정된 노력에 대한 표현으로 나타나기 때문에, 성공하지 못했을 경우에 대한 걱정과 부담감을 갖게 만든다. 칭찬의 핵심은 얼마나 자주하느냐가 아닌 올바른 방식에 달려있는 것이다.

또한 가장 중요한 것은 칭찬 내용보다도 자신의 느낌을 진솔하게 전달하는 '칭찬의 진정성'에 있다. 9개월밖에 안 된 유아들도 진정성이 없는 가짜 칭찬과 진짜 칭찬을 구분할 줄 안다는 연구 결과가 있다. 진정성이 없는 칭찬은 동기에 전혀 영향을 끼치지 못한다.

그 사람의 행동에 대해 어떤 피드백을 주느냐에 따라 그 사람이 달라질 수도 있다는 놀라운 언어의 신비가 바로 칭찬의 효과이다.

가. 칭찬을 효과적으로 해라.

- 칭찬을 반복하거나 성의 없는 칭찬은 차라리 안하는 편이 낫다. 직장 상사나 웃어른을 칭찬해야 할 때나 특히 처음 만난 사람을 칭찬할 때도 각별히 신경을 써야만 한다. 자칫 잘못하면 오해를 사기 때문이다. 그렇기에 이왕 칭찬을 하려면 효과적으로 해야 한다.
  옛말에 '칭찬은 없는데서 하고 욕은 앞에서 하라'는 말이 있다. 당사자가 없는데서 욕을 하면 사람들의 입에서 돌고 돌아 나중에 큰 싸움이 나기 쉽지만, 당사자가 없는데서 칭찬을 하면 입에서 돌고 돌아서 상대방의 귀에 들릴 때의 효과가 증폭되게 됨과 동시에 두 사람 사이에 신뢰가 형성되어 좋은 관계로 이어지게 된다는 것이다.
  또한 칭찬이 진정한 힘을 발휘하게 하려면 그 사람의 장점과 잘한 점, 특히 과정을 진심으로 발견하여 칭찬해 주어야 하며, 상대방의 눈높이에 맞는 칭찬의 말이 필요하다는 것을 명심해야 한다.

나. 목소리의 높낮이를 조절해라.

- 칭찬을 할 때 상대방이 기분 좋게 들리라고 목청을 최대한으로 높여서 소리를 지르듯이 큰소리로 말한다면 칭찬의 말을 듣는 상대자는 반응을 별로 보이질 않게 된다. 왜냐하면 칭찬이라는 것은 감정과 감정이 전달되어야 효과를 얻는 것이기 때문이다. 감정을 주고받는 데는 목소리가 부드럽고 정겨워야 하기에 이런 점이 없는 큰소리에는 감정의 전달이 딱딱하게 된다.
  그러므로 칭찬의 말을 할 때는 목소리를 낮게, 부드럽게, 정겨운 목소리로 해야 한다. 그러나 훌륭한 일을 해서 주위 사람들에게 알려야 한다면 칭찬을 크게 하여 칭찬받는 사람을 배려하는 것도 좋다.

다. 즉시 칭찬해라.

- 장소 여하를 가리지 말고 칭찬할 일이 생기면 바로 칭찬하는 것이 좋다. 칭찬을 아끼고 있다가 기회를 놓치거나 잊어버리기 쉽기 때문이다.
  기대하지도 않았는데 받는 칭찬은 효과가 배로 늘어나고 생각하지도 않은 선물을 갑자기 받는 느낌을 주기 때문이다.

라. 꾸미지 말고 관찰한 것만 전하라.

- 칭찬에서 중요한 것은 관찰이다. 왜냐하면 살피지 않으면 아무것도 말할 수 없기 때문이다. "아까 보니까 굉장히 열심히 하고 있더라"와 같은 말은 특별히 칭찬하는 말은 아니지만 관심을 가지고 있다는 메시지이기에 듣는 사람이 칭찬 받고 있다는 생각에 기분이 좋아질 수 있다.

마. 호명하고 상황 설명한 후 칭찬하라.

칭찬을 할 때는 첫 번째, 상대방의 이름을 불러주어야 효과적이다. 이는 상대방에 대한 인정과 친근감의 표현이기 때문이다. 두 번째로 칭찬하는 내용에 대해 구체적인 상황설명이 필요하다. 무조건 잘했다고 단순하게 칭찬하는 것이 아니라 어떤 점을 잘 했는지에 대해 상황설명을 해준다.

마지막으로 "했다.", "훌륭하다." 등의 표현을 사용하여 칭찬하면 된다.

7) 거절기법

우리가 세상을 살다보면 누군가에게 부탁할 일도 부탁받을 일도 허다하다. 그러나 그 부탁을 거절하거나 거절당하는 일도 많다. 일단 남에게 부탁한다는 일 또한 쉬운 일이 아니다. 어렵게 부탁을 했는데, 아무리 상대의 상황을 이해한다 해도 단칼에 거절당한다면 섭섭한 것은 당연한 사람의 심리다.

그러므로 우리가 누군가로부터 부탁을 받아서 거절해야 할 경우라면 상대가 서운하지 않도록 배려하는 것이 무엇보다 중요하다. 거절당하는 것은 어쩔 수 없다 하더라도 자신의 입장을 이해해 준다는 사실만으로 마음의 위안을 얻을 수 있기 때문이다. 그러므로 제대로 거절하는 것은 인간관계에서 지켜야 할 예의라는 것을 명심해야 한다.

그러므로 우리는 때로는 정중하게, 때로는 상대의 입장을 이해하고 배려하면서, 때로는 웃으면서 거절하는 법을 익혀야 한다. 거절을 한다고 관계의 끝은 아니기에 들어줄 수 있는 부탁은 흔쾌하게, 그러나 자신에게 무리라고 여겨지는 들어줄 수 없는 부탁은 용기를 갖고 확실하고 정중하게 웃으면서 거절할 줄 알아야 한다.

가. 먼저 사과한다.

- 죄송합니다. 미안합니다. 등의 사과의 말을 던저 하고 시작한다. 상대방에게 퉁명스럽게 무턱대고 "안 된다.", "못 한다." 라고 말하지 않는다.

나. 상대방을 배려한다고 해서 애매한 태도를 취하지 않는다.

- "해드리고 싶긴 한데..."와 같은 애매한 태도를 취할 경우 오히려 나중에 더 큰 오해를 살 수 있다. 그러므로 안 될 때에는 확실하게 안 된다고 말하여 거절의 내용을 분명히 전달해야 한다.

다. 들어줄 수 없는 이유를 알기 쉽게 설명한다.

- 왜 부탁을 들어 줄 수 없는지에 대해 그 이유와 사정을 설명한다. 거절만 하는 것이 아니라 거절하는 것에 대해 이유와 부연설명을 해 주는 것이 상대방의 섭섭한 마음을 덜어줄 수 있고 상대방에게 상처를 덜 줄 수 있기 때문이다.

5. 바른 대화 자세

좋은 대화는 일상에 활력을 불어넣고 사업을 성공적으로 이끌며, 신실한 우정과 화목한 가정을 약속한다. 많은 이들이 대화를 통해서 상대방의 인격, 성격, 사고의 깊이와 너비를 가늠한다.

즐거운 대화를 위해서는 에티켓을 지켜야 한다. 대화하는 사람 사이의 거리는 70cm가 이상적이다. 너무 가까이 다가가면 상대방에게 불쾌감이나 위협받고 있다는 느낌을 줄 수 있다. 그 외 일상의 대화 중 염두에 두어야 할 사항에는 다음과 같은 것들이 있다.

1) 대화 시 주의사항

가. 상대방의 감정, 감정상태의 원인을 파악한다.

- 대화는 세 가지 유형으로 분류할 수 있다. 사실만을 말하는 경우, 의견을 더하는 경우, 감정까지 포함되는 경우이다. 상대방의 이야기를 잘 들으려면 오감으로 진지하게 듣고, 보디랭귀지를 보면서 상대방과 같이 느끼는 감정이입이 요구된다. 이와 같이 상대방에 대한 감정이입이 되었을 때 비로소 상대방의 기분, 마음의 동요, 기쁨, 불만, 감정의 상태와 원인을 파악할 수 있다.

나. 상대방의 의사를 파악한다.

- 전달된 대화 내용 중 상대방의 의사를 정확하게 파악한다. 서로 다르게 생각하고 있는 점을 정직하게 인정하는 것은 중요한 일이다. 틀린 점이 있기 때문에 사람은 의논하고 이해할 수 있는 공통점을 찾아낼 수가 있다. 상대방의 의사를 정확히 인식하지 않으면 논의가 혼란될 뿐만 아니라 상대방에게 예의를 저버리게 된다.

다. 자신의 생각과 감정을 전달한다.

- 먼저 자신이 하고 싶은 이야기를 정리하여 요점을 이야기 한다. 그러면서 자신의 생각과 감정을 솔직하고 성실하게 사실대로 전달한다.

라. 적절한 화제를 선택한다.

흥미로운 대화는 화제의 선택에 달려있다. 지나치게 자기 일상의 대화가 아니면서 적절한 화제를 선택하려면 보다 많은 지식을 습득할 수 있도록 준비해야 한다. 다양한 지식을 습득하기 위해 신문, 잡지, 서적, 사보 등을 읽고, 전문서적과 입문서 등을 통하여 다양성과 전문성을 제고시키는 것이 필요하다.

또한 돈에 관련된 문제, 논쟁거리가 되고 있는 문제, 예민한 정치나 종교 등에 관련된 사람들이 싫어하는 화제는 피하는 것이 좋다.

마. 시선은 상대방의 얼굴에 둔다.

- 주위를 두리번거리거나 대화 중 창문 등 엉뚱한 곳을 뚫어져라 응시하는 것은 큰 실례가 된다. 또한 팔짱을 끼거나 다리 떨기, 머리카락 만지기, 손 비비기, 손톱 깨물기, 몸 흔들기 등 좋지 않은 버릇이 무의식중에 드러나지 않도록 주의한다.

바. 너무 심한 사투리, 불확실한 발음은 삼간다.

- 발음은 훈련에 의해 개선이 가능한 만큼 적절한 속도록 분명하게 말하는 연습을 하고, 속어나 비속어, 유행어 사용을 삼가는 것이 좋다. 허물없는 친구 사이가 아니라면 품위 있는 언어를 사용하는 것이 좋은 대화법의 제 1원칙이다.

사. 지나치게 높은 톤은 사람을 경박스럽게 보이게 하고 반대로 너무 저조한 억양은 분위기를 무겁게 만들 수 있기에 억양에 신경을 써야 하고, 바른 경칭, 호칭의 선택으로 적합한 언어를 구사하는 것이 좋다.

아. 말을 가로채거나 양해 없이 화제를 바꾸는 태도 또한 상대방이 대화에서 소외됐다는 느낌을 받게 해서는 안 된다.

2) 대화의 거리

미국의 문화인류학자 에드워드 홀(Edward T. Hall, 1959)은 헤디거의 학설을 토대로 '근접학'(Proxemics)이라는 신조어를 만들어 냈다. 인간의 마음속에도 동물과 같은 영역 감각이 구비되어 있는데, 이른 연구하는 학문을 '근접학' 이라고 한다. 에드워드 홀은 인간이 자신이 점유하고 있거나 지배하는 신체 주변의 영역을 '바디 존(body zone)'이라고 하였으며, 이는 사람의 친밀도를 나타내는 것이라고 말했다. 이 바디 존은 인간 사이의 거리로서 다음의 네 가지 영역으로 분류했다.

가. 친밀한 거리 (15 cm~ 46 cm)

- 아주 친밀하게 지내는 사람에게만 50cm이하의 접근을 허용한다. 애인, 배우자, 가족, 절친한 친구들이 해당되며 팔만 뻗어도 곧바로 닿을 수 있는 거리를 말한다. 또한 직접적인 신체접촉이 허락되는 경우 상대방을 안을 수 있는 거리이다. 친밀한 거리를 두는 사람과의 의사소통에는 말뿐 아니라 모든 감각이 동원된다. 안면만 있고 친하지 않은 사람이 이 정도로 가까이 다가오면 불쾌감을 느끼고 도망치게 된다.

나. 사적인 거리 (46 cm~1.2 m)

- 서로 잘 알고 오랫동안 알고 지내는 사이이고 자주 만나게 되면 말 그대로 가깝게 지내게 되는 사이로 팔을 뻗으면 닿을 수 있는 거리이다. 함께 같은 일을 하는 직장 동료들은 거리가 50cm까지 가까워진다. 또한 공통의 관심사를 가진 사람들끼리도 조금 더 가깝게 다가간다. 이 거리에 있는 사람들이 친밀한 거리에 들어오는 것이 허용되기는 하지만 조금은 제한적이다.

다. 사회적 거리 (1.2m~ 3.6m)

- 별 친분이 없는 사람과 직접 대면해야 하는 공적인 자리(회의, 면접, 쇼핑, 관공서 방문 등)에서 상대방에게 팔 길이 두 배 만큼에 해당하는 거리로 그 이상은 접근하지 않는다. 이는 낯선 사람과 대화하게 될 때 이 영역 안에서 편안함을 느끼게 되기 때문이다. 이 보다 더 가까이 가면 부담스럽게 느끼고 심지어 위협적으로 인식한다.

라. 공적인 거리 (3.6 m이상)

- 연설, 강연 등이 이루어지는 거리가 이 거리이다. 보통의 목소리로 의사전달을 하기에는 부담이 있어 큰 목소리나 마이크를 활용해 이야기 하게 된다. 이 거리에서 의사 전달은 이전의 거리보다 월등히 어렵다. 보통 이 거리에서는 일 대 일 (1:1)의 대화가 아닌 일 대 다 (1:N)의 대화가 주류를 이루게 되며 이는 곧 연설, 강연, 프레젠테이션 등을 의미한다. 만일 목사님이 갑자기 강단에서 내려와 옆자리에서 설교를 한다면 굉장히 어색할 것이다. 이것은 친밀한 영역에 속하는 사람이 갑자기 공적인 거리에서 우리를 대해서 이상한 것과 같은 것이다.

3) 대화의 기술(The art of conversation)

가. 절제된 언어를 사용한다.

- 정보가 넘치는 복잡한 세상인 만큼 사람들의 머릿속도 복잡하다. 본론을 이야기하기 전에 서론이 너무 길거나 부연설명이 장황해 지는 경우 불필요한 에너지를 소비할 수 있다. 그러므로 말을 너무 우회적으로 하기 보다는 말의 내용을 구체적으로 표현하되 간결성을 잃지 않도록 요약하며 말하는 습관을 갖도록 해야 한다.

나. 불필요한 말을 하지 않는다.

- 말의 중간에 "음~", "어~" 등과 같은 불필요한 말을 하는 습관이 있는 경우가 종종 있다. 이러한 말투는 상대방에게 불편함을 주면서 세련되지 못한 이미지를 전달하기에 이러한 습관들을 고치기 위해서는 꾸준한 연습을 해야 한다.

다. 5W 1H를 염두에 두고 대화한다.

- 5W 1H란 (what, when, where, who, why, how)를 말한다. 5W 1H는 문장 작성의 기본이지만, 객관적인 사실을 정확하게 전달해야 하는 비즈니스 커뮤니케이션에서도 반드시 필요한 사고체계이다. 예를 들어 프레젠테이션이나 업무보고를 할 때, 본인의 주관적 생각과 사실을 섞어서 말하면 상대방에게 혼란을 주어 정확한 판단을 그르치게 할 수 있다. 따라서 어떤 상황과 사실을 제3자에게 설명할 때에는 가능한 5W 1H에 맞춰 전달하는 것이 좋다.

라. 결론부터 말한다.

- 결론부터 말하기는 특히 비즈니스 상황에서 더욱 힘을 발휘한다. 회사 등 각종 사회 조직 사회에서 상사는 부하 직원으로

부터 가장 짧은 시간에 핵심부터 보고받기를 원하며, 면접 때도 마찬가지다. 핵심을 먼저 말하고 그에 따라 부연 설명을 하는 지원자가 강한 인상을 주기 때문이다.

그렇기에 대화 상황에서도 일단 결론부터 말해서 상대방의 궁금증을 풀어준 후 부연설명을 하거나 이해를 하게 하는 방식으로 대화하는 것이 좋다.

마. 어법, 어순에 맞는 표현도 중요하다.

- 우리나라 말은 비교적 어순이 자유롭지만 간혹 부자연스러운 어순의 표현으로 그 의미가 애매모호하게 전달되는 경우가 있다. 복잡하고 긴 문장을 대하면 그 의미를 파악하는데 혼란을 느끼게 되므로 대중 앞에서 이야기 할 때는 이해를 쉽게 하도록 하기 위해서 간단하게 이야기 하도록 한다. 비교적 문장의 길이가 짧고 복문보다는 단문을 주로 사용하는 것이 좋다.

바. 복창, 확인을 하도록 한다.

- 미국의 소비자 행동 및 마케팅을 연구해 온 코넬대학교의 마이클 린 호텔경영학과 교수는 뛰어난 웨이터의 특징을 조사해서 '웨이터 10계명'을 정리했다. 십계명 중 여섯 번째가 "손님의 주문 내용을 따라 말해라."이다. 그의 연구에 따르면 웨이터가 손님의 주문을 따라 이야기 하는 것만으로도 팁은 두 배로 올랐다는 것이다. 이는 내가 하는 이야기를 상대방이 성의 있게 받아들인다는 느낌을 받고, 주의 깊게 듣는다는 인상을 줌으로써 기분 좋은 대화가 가능하고 오해나 오판 없이 정확한 의사소통이 가능하게 된다는 것이다.

사. 바른 자세와 적절한 제스처를 사용한다.

- 상대방에 호감을 주는 대화요령에는 다양한 화법이 있지만, 신체적으로 바른 자세가 갖추어져야 더욱 성의 있고 진실하게 느껴진다.

또한 적절한 제스처는 메시지 전달을 보다 효과적으로 만들 수 있다. 제스처는 적절히 사용해야 우아하고 지적으로 보일 수 있으며 상대방에게 대화내용을 더욱 효과적으로 전달할 수 있다.

아. 상대방에게 채널을 맞춘다.

- 상대방이 들을 수 있는 신호를 보낸다. 대화란 서로 주고받는 것이기에 상대방의 말을 듣고 있다는 신호를 보내고 또 자기 의견을 상대방이 들을 수 있도록 표현하는 것이 중요하다. 또한 상대방의 말을 중단시키지 않으며 질문을 할 때는 타이밍이 적절한지를 생각해야 한다. 그리고 상대방이 민감하게 느끼거나 콤플렉스를 느끼는 부분은 대화에서 제외하는 것이 좋다.

자. 말하는 사람의 태도

- 가능한 간결하게 말하며 핵심은 구체적으로 짚는 것이 좋다. 그리고 이기적이니, 바보 같다느니, 부주의하다느니 등의 표현은 모욕적인 말이나 비난은 피하며 '절대로' 나 '언제나' 같은 극단적 표현은 피한다.

차. 듣는 사람의 태도

- 서로 동의하거나 이해할 수 있는 점을 발견하도록 최대한 노력하는 것이 좋다.

4) 상황에 따른 대화 방법

상대와 대화를 하다보면 곤란한 말을 해야 할 때도 있고 불쾌한 감정을 타인에게 말해야 할 때도 있다. 그렇기에 상대방을 배려하면서 내가 손해 보지 않을 수 있는 때로는 조금 이기적이고 차가운 면이 보일지라도 최대한 객관적인 상황을 유지할 수 있는 여러 가지 방법들에 대해 알아두어야 한다.

가. 상대방의 잘못을 지적할 때

- 상대방을 지적 할 때 가장 좋은 방법은 상대방의 말에 동의를 해주면서 "그 점은 좋지만 이러한 점이 아쉽다"라고 말을 하면 대화가 한결 부드러워 지고 상대방도 자신의 잘못을 쉽게 수긍한다.
- 모호한 표현은 설득력을 약화시키기에 상대방이 알 수 있도록 잘못을 확실하게 지적한다.
- 지금 꾸짖고 있는 내용에만 한정해야지 이것저것 함께 꾸짖으면 효과가 없다.
- 상대방이 늦었을 때는 '늦었다'는 사실을 지적하는 것은 괜찮지만 늦는 이유에 대해 추궁하듯이 묻는 것은 금물이다.

나. 상대방을 칭찬할 때

- 처음 만나는 사람에게 먼저 칭찬으로 시작하면 대화를 부드럽게 이어 나갈 수 있다.
- 남들이 다하는 칭찬을 되풀이 하는 것은 당사자에게 식상할 수 있다. 그렇기에 상대가 생각하지 못했던 부분을 드러내고 칭찬해야 감동을 주는 칭찬이 될 수 있다.
- 칭찬을 너무 과하게 하면 자칫 아부로 여겨질 수 있으니 칭찬에도 센스가 필요하며, 그렇기에 평소에 상대를 잘 관찰해 좋은 점을 파악해 두는 것이 좋다.

다. 상대에게 부탁해야 할 때

- 우선 부탁하기에 알맞은 때를 잘 선택해야 한다. 상대가 피로하거나 지쳐 있으면 무리하게 부탁하지 않는 것이 좋다.
- 갑작스런 부탁은 무례하게 보일 수 있으므로 우선 상대의 형편을 살피고 부탁하는 것이 좋다.
- 또한 부탁을 할 때에는 내게 필요한 게 뭔지 명확하게 제시해야 하고, 거절을 당하더라도 다음을 위해 싫은 내색을 하지 않는다.

라. 상대의 요구를 거절해야 할 때

- 마음속으로 들어주기 어렵다는 생각이 들지라도 우선 진지하게 들어주고 어떻게든 최선의 방법을 찾아보려는 자세를 갖춰야 한다. 그 후 들어줄 수 없을 때에는 진심으로 사과를 하고 적절한 이유로 부드럽게 이해시킨 후 거절의사를 표시해야 한다.
- 불가능하다고 여겨질 때는 모호한 태도를 보이는 것보다는 단호하게 거절하는 것이 좋으나 이 때 정색을 하면서 '안된다'는 말을 하는 것은 상대는 감정을 상하게 하여 관계가 나빠질 수도 있으니 주의해야 한다.

마. 명령을 해야 할 때

- '~을 이렇게 해라' 보다는 '~을 이렇게 해 주시겠습니까?' 하는 의뢰형이나 청유형의 표현이 훨씬 효과적이다.

바. 설득을 해야 할 때

- 원활한 설득의 방법으로 '마음 알아주기 대화 법' 으로 자신의 판단을 일단 멈추고 상대방의 기분, 생각, 욕구를 먼저 파악한 뒤 자신이 하고 싶을 말을 하는 것이 좋다. 일방적으로 강요하는 식의 밀어붙이기 대화는 금물이다.
- '~ 해야 합니다.' 라기 보단 '~하는 게 더 효과적일 것입니다.' 와 같이 제안하는 권유적 표현을 사용하는 것이 좋다.

사. 충고를 해야 할 때

- 특별한 경우를 제외하고 대부분의 사람들은 자신에게 부정적이거나 거부반응을 보이는 사람에게는 결코 타협적이거나 우호적일 수 없다는 사실을 잊어서는 안 된다.
- 충고를 할 때에는 예화를 들어 비유법으로 깨우치게 하거나, 상대방의 기분이 상하지 않도록 그 사람을 최대한 존중하면서 조심스럽게 충고한다.

아. 충고를 해야 할 때

- 충고를 할 때에는 샌드위치 화법을 사용하는 것이 좋다. 샌드위치 화법이란 (칭찬의 말)+ (충고의 말)+ (격려의 말)처럼 충고를 가운데 두고 칭찬을 먼저 한 다음 끝에 격려의 말을 하는 방법을 말한다. 일명 '설득의 3단계'라고 부르기도 한다. 예를 들어 "자네는 이런 것이 잘못일세..." 라기 보다는 "자네는 이런 점은 좋으나...이런 점에서는 개선할 필요가 있다고 생각하네. 자네가 이쪽 분야에선 특별한 경험을 많이 갖고 있으니 최대한 실력을 발휘해 주게나..알겠지?" 이렇게 내가 하고자 하는 '충고'를 '칭찬과 격려' 사이에 끼워서 한다면 상대의 자존심을 상하지 않게 하면서도 충고하고자 하는 내용을 부드럽게 전달시킬 수 있고, 듣는 사람의 기분이 상하여 반발하지 않고 나중에는 긍정적으로 수용할 수 있게 한다.

Imagemaking
Communication
Interview

이미지메이킹에서 면접까지

제10장

언어 예절

1. 언어예절

언어예절의 중요성

언어예절은 언어를 사용할 때 지켜야할 '예절'을 가리키는 말이다. 예절은 강제적으로 지켜야하거나 어겼을 때 처벌을 받는 것은 아니지만 지키지 않으면 다른 사회구성들과 어울려 사는 것에 문제가 발생하게 된다. 마찬가지로 언어를 사용할 때 예의를 지키지 않는다면 상대방에게 믿음과 호감을 줄 수 없게 되고 소통하기가 어려워 질 것이다. 따라서 언어예절은 같은 사회에 살고 있는 사람들끼리 지켜야 하는 일종의 약속이라 할 수 있겠다.

언어는 그 사람의 감정이나 사상은 물론 지식을 전달하는 매개체로서 희로애락을 수반하므로 그 사람의 됨됨이를 나타내주며 인격과 인품을 대변해 준다. 상대방과 몇 마디의 이야기만 나누어 보아도 상대의 성장환경, 교육정도, 사회적 지위 등을 알 수 있을 정도로 언어예절에서 주는 그 사람의 이미지는 많은 것을 내포하고 있다.

요즘 우리의 언어환경을 보면 무분별한 외래어나 유행어, 은어나 비속어를 많이 사용하고 있는데 이는 바람직한 언어의 품격을 나타내기에는 적합하지 않다.

외래어와 외국어

외래어는 다른 나라의 말을 빌려 우리말처럼 쓰는 말이고 '빵'이나 '버스'등이 있으며, 외국어는 '댄스', '스포츠' 등 다른 나라의 말이다.

은어

은어는 특정한 집단 안에서 내부의 비밀을 유지하기 위해, 다른 사람들이 알아듣지 못하도록 사용하는 말이다. 대학생들이 'F학점을 받다'를 '권총을 차다'라고 쓴다든지 군대에서 이발사를 '깍사'라고 부르는 것이 이에 해당되는데 이는 속어와 구별하기가 힘든 것이 많이 있기도 하며, 이러한 은어의 사용은 은어를 모르는 사람에게 소외감과 고립감을 줄 수 있다.

비속어

비속어는 통속적으로 상대방을 얕잡아 보고 경멸하는 태도로 하는 말이며 욕도 비속어에 속한다. 이는 듣는 사람에게 불쾌감을 줄 수 있다.

유행어

한 시기에 널리 쓰이다 사라지는 말로 '얼짱', '공주병' 등의 예가 있으며 이러한 유행어를 무분별하게 사용하면 개성이 없고 가벼운 사람으로 보일 수 있다.

2. 경어법

1) 경어법의 개념

경어법이란 대화의 주체가 되는 인물이나 이야기를 듣는 상대방에게 언어로써 높이거나 낮추어 대접하는 언어표현이다.

경어법 사용은 기본적으로 나이가 적거나 지위가 낮은 사람이 나이가 많거나 지위가 높은 사람에게 실제 관계에서의 지위 차이를 경어법 형식으로 나타내는 것이다. 자신의 낮은 지위 또는 상대방의 높은 지위를 말로 분명하게 인정함으로써 서로의 자리와 상호 관계를 확인하고, 결과적으로 아랫사람이 윗사람을 편안하게 대접하는 효과를 갖게 된다.

이와 반대로 윗사람이 아랫사람에게 높임 형식으로 쓰기도 하는데 화자 자신보다 나이나 직급이 낮다고 해도 적어도 해요체를 쓰는 것은 상대방이 성인, 곧 인격적으로 완전히 성숙한 독립적 주체임을 인정해 주기 때문이다.

경어법 사용이 대화 참여자 사이의 지위 관계에 따라서만 이루어지는 것이 아니라 윗사람의 아랫사람에 대한 배려 차원에서도 중요하게 이루어짐을 알 수 있다.

경어법에 대한 개념을 다시한번 정의해 보면 다음과 같다.

- ◆ 경어법은 다른 사람을 높여 대우하기 위한 언어 형식들의 사용 방식과 체계이다.
- ◆ 경어법은 아랫사람이 윗사람에게 실제 관계에서의 지위 차이를 높임 형식을 통해 언어적으로 나타내는 것이다.
- ◆ 경어법에는 윗사람이 아랫사람에게 성숙한 인격체로서의 배려로 높임 형식으로 쓰는 경우도 포함된다.

경어법을 이해하는데 있어 무엇보다도 중요한 것이 '위', '아래'의 개념이라는 사실이며 서로 존중하고 배려하는 마음을 기본이 되는 것을 기억하자.

2) 경어법의 종류

한국어의 높임법에는 주체 높임법, 상대 높임법, 객체 높임법의 세 가지로 나눌 수 있다.

가. 주체 높임법

문장 안에서 주체가 되는 대상을 높이는 방법이다. 즉 문장의 주어로 등장하는 대상이 나이가 많거나 직위가 높은 경우 주체 높임법을 사용하게 된다. 주체를 높이는 방법은 두 가지가 있는데 첫째, 주체를 가리키는 주어 뒤에 '-께서', '-님' 을 붙여 주체를 직접적으로 높이는 방법이다, 둘째, 어미 자리에 '-시' 를 붙여 주체를 간접적으로 붙이는 방법이다.

- 아버지<u>께서</u> 회사에 <u>가신다.</u>
- 할아버지<u>께서</u> 말씀을 <u>하신다.</u>
- 할아버지<u>께서</u> 길을 <u>걸으신다.</u>
- 선배<u>님</u>, 식사 맛있게 <u>하십시오.</u>

나이가 같거나 지위가 낮은 경우 주체 높임법을 사용하지 않아도 된다.

- 동생이 학교에 간다.
- 친구가 길을 걷는다.

> 압존법
> 압존법은 문장의 주체가 듣는 사람보다 나이가 어리거나 낮은 지위에 있는 경우 높입법을 사용할 수 없는 경우이다.

- 할아버지, 아버지께서 오셨습니다.
  듣는 사람인 할아버지가 문장의 주체인 아버지보다 지위가 높은데, 주체 높임법을 사용해서 할아버지에게 실례를 한 경우이다.
- 할아버지, 아버지 왔습니다.
  듣는 사람인 할아버지가 문장의 주체인 아버지보다 지위가 높기 때문에, 나보다 지위가 높은 아버지이지만 문장의 주체인 아버지에게 높임법을 사용하지 않는 경우이다.

이것이 압존법의 예라고 할 수 있다.

≫ 2011년 국립국어원에서 발표한 '표준언어예절' 에서는 주체가 청자보다 지위가 낮더라도 높여 부르는 것을 인정한다고 했다. 즉 '할아버지, 아버지가 왔습니다' 까지는 아니더라도 '할아버지 아버지가 오셨습니다' 라고 사용하는 것도 허용된다는 것이다. '할아버지 아버지가 진지 잡수시라고 하셨습니다' 와 같이 부모를 부모보다 윗분에게도 높여 말할 수 있다. 이는 압존법이 폐지된 것이 아니라 일상에서 자주 쓰이는 표현을 인정한다는 것이다. 따라서 상황에 맞게 적절히 사용하도록 한다.

나. 상대 높임법

'상대'는 듣는 이를 말하며 상대를 높여서 표현 하는 방법을 상대 높임법이라고 한다. 우리말은 상대 높임법이 유난히 잘 발달되어 있다. 외국인들이 한국어를 배울 때 제일 어려워하는 부분이 경어법 중에 상대 높임법이라고 한다. 상대 높임법은 사회계층, 성별, 지역에 따라 다양하게 표현 되므로 대상과 상황에 맞게 잘 사용하여야 한다.

상대 높임법은 주체 높임법과 마찬가지로 어미에 '-시'를 붙여 표현하기도 하며 아예 다른 높임말을 사용하여 표현하기도 한다.

상대 높임법은 격식체와 비격식체로 구분한다. 일반적으로 많이 사용되는 상대 높임법은 '해요체' 나 '해체'이고 직장이나 군대, 면접 같은 위계질서가 뚜렷하거나 격식을 차려야 할 때는 격식체인 '합쇼'체를 많이 사용한다.

구 분	체	높임 등급	예문
격 식 체	합쇼체	아주 높임	찾아주셔서 감사합니다.
	하오체	예사 높임	여러분! 빨리 청소하시오.
	하게체	예사 낮춤	박군, 이리 와서 앉게.
	해라체	아주 낮춤	길동아, 논문 빨리 쓰거라.
비격식체	해요체	두루 높임	도움을 주어 감사해요.
	해 체	두루 낮춤	철수야, 빨리 밥 먹어.

높임말

집 → 댁	있다 → 계시다	죽다 → 돌아가시다
말 → 말씀	밥 → 진지	먹다 → 잡수시다
나이 → 연세	생일 → 생신	자다 → 주무시다
병 → 병환	데리다 → 모시다	아프다 → 편찮으시다

다. 객체 높임법(겸양어)

동작의 행위가 미치는 대상 즉 객체를 높이는 어법이다. 예를 들어 '민국이가 아버지를 집으로 모시고 갔다', '민국이가 아버지께 책을 드렸다'는 객체인 아버지를 높이는 표현이다. '에게','한테' 대신 '께'가 사용되어 객체를 높이기도 하고 주다→드리다, 보다→뵈다, 뵙다와 같이 서술어를 높여 객체를 높이기도 한다.

- 대한아 할아버지께 인사하고 오거라.
- 부모님께 용돈을 드렸다.
- 나는 할머니를 모시러 공항에 갔다
- 나는 아버지께 그 사실을 여쭈어 보았다.

3. 직장에서의 경어법

1) 존경의 표현

많은 사람들이 직장에서 지칭어화 경어법을 쓰는 것에 어려움을 느낀다. 지칭어는 보통 호칭어를 그대로 쓰는데 지칭 대상이 누구이며, 어떤 대상에게 지칭하는가에 따라 달라지기도 한다.

가. 지칭대상이 동료이거나 아래 직원일 때

'000씨가 이 일을 처리했습니다.' 처럼 주체를 높이지 않는 경우가 흔한데 직급이 높은 사람은 물론이고 직급이 같거나 낮은 사람에게도 직장 사람들에 관해 말 할 때는 '-시' 를 넣어 '김대리 거래처에 가셨습니까?' 처럼 존대하는 것이 바람직하다.

나. 지칭대상이 말하는 사람보다 상급자인 경우

듣는 사람의 직위와 나이를 고려하여 '과장이', '과장님이', '과장께서'. '과장님께서' 다음에 '하시었' 이라고 할 것인지, '했' 이라고 할 것이지를 결정하기가 어렵다. 듣는 사람이 지칭대상자보다 윗사람이거나 회사 밖의 사람인 경우 '총무과장이 이 일을 했습니다' 처럼 높임말을 쓰면 안 된다고 하는 경우도 있으나 직장에서의 압존법은 우리의 전통예절과 다를 수 있으므로 상황에 맞게 적절히 쓰도록 한다.

윗사람 앞에서 그 사람보다 낮은 윗사람을 낮추는 것이 가족 간이나 사제 간처럼 사적인 관계에서는 적용될 수 있지만 직장에서 쓰는 것은 어색하다. 따라서 '총무 과장님이 이 일을 하셨습니다.' 처럼 높여 말하는 것이 언어예절에 맞다.

직장에서의 압존법 주의

압존법은 가족이나 친인척, 친한 사이에 사용하는 것은 문제 가 없지만 직장이나 사회에서는 적용되지 않다.

– 사장님 김 부장 왔습니다.(x)
– 사장님, 김 부장님 오셨습니다.(O)

직장에서는 '사장님, 부장님 오셨습니다' 라고 표현하는게 일반적인 높임법이다. 사장님보다 지위가 낮은 부장이지만 '님'이라는 호칭은 사용하고 높임 선어말 어미 '–시' 도 사용하여 높이는 것을 권장한다. 이는 직장생활에 있어서 서로를 존중하고 있다는 것을 의미하는 것이다. 하지만 각 직장마다 '사장님, 부장님 왔습니다' 라고 말해야 하는 직장도 있을 수 있다. 반드시 그렇게 해야 한다는 것 보다 각각의 직장 분위기와 상황을 고려하여 상대의 기분을 상하지 않도록 하는 것이 중요하겠다.

직장내 주의해야할 경어사용

① 팀장님보다 지위가 높은 사장님을 높여 말한다.
– 팀장님, 사장님께서 전화하시라고 합니다.(x)
– 팀장님. 사장님께서 전화하라고 하십니다.(O)

② 본인보다 더 지위가 높은 김 과장을 부장님한테 말 할 때도 과장을 높여 말할 수 있다.
– 부장님, 김 과장도 회의에 참석했습니다.(x)
– 부장님, 김 과장님도 회의에 참석하셨습니다.(O)

③ 주체가 사람이 아닐 경우 경어를 사용하지 않는다.
– 회의는 끝나셨습니까?(x)
– 회의는 끝났습니까?(O)

④ 직함과 관련되는 장소일 경우에는 '님'자를 생략한다.
- 사장님실, 총장님실(x)
- 사장실, 총장실(O)

⑤ 자기보다 직급이 높은 사람을 다른 회사 사람에게 말 할 때는 상대방의 직급에 상관없이 경어를 사용한다.
- 김 팀장은 회의에 갔습니다.(x)
- 김 팀장은 회의에 가셨습니다.(O)

다. 간접존대

높여야 할 대상의 신체부분, 성품, 심리, 소유물과 같이 주어와 밀접한 관계를 맺고 있는 대상을 통하여 주어를 간접적으로 높이는 방업이 간접존대라고 한다. '눈이 크시다', '걱정이 많으시다', 넥타이가 멋있으시네요.' 처럼 '-시'를 동반한다.

잘못된 경어 사용

고객을 존대하려는 의도로 불필요한 '-시-'를 넣는 것과 사물에 존칭을 쓰는 것은 바른 경어법이 아니다.

잘못된 경어법	바른 경어법
주문하신 커피 나오셨습니다	주문하신 커피 나왔습니다
문의하신 상품은 품절이십니다	문의하신 상품은 품절입니다
화장실은 이쪽으로 가시면 나오세요	화장실은 이쪽으로 가면 나오세요
말씀하신 사이즈가 없으십니다	말씀하신 사이즈가 없습니다.
아동복 매장은 2층에 있으십니다	아동복 매장은 2층에 있습니다.
뜨거우시니 컵 받침대를 사용하세요	뜨거우니 컵 받침대를 사용하세요
그 메뉴는 안 되세요	그 메뉴는 안 됩니다
이쪽으로 오실께요	이쪽으로 오세요
주문되셨어요	주문됐습니다
세일되세요	세일 됩니다
전 상품이 매진되셨어요	전 상품이 매진 됐습니다.

2) 공손의 표현

가. 공식적인 상황이나 덜 친밀한 관계에서

직장사람들에게 직급에 상관없이 '거래처에 전화하셨습니까?', '거래처에 전화 했습니까?', '거래처에 전화하십시오', '거래처에 전화하시지요',처럼 '하십시오체'로 말하는 것이 바람직하다.

나. 비공식적인 상황이나 친밀한 관계에서

친소 관계와 상황에 따라 '거래처에 전화하셨어요?', '거래처에 전화했어요?', '거래처에 전화 하세요', '거래처에 전화해요', 처럼 적절히 높여 쓸 수도 있다. 그러나 아무리 듣는 사람이 아랫사람이라고 해도 '거래처에 전화했니?', '거래처에 전화해라'.와 같이 '해라체'는 쓰지 않는 것이 옳고 가급적이면 상대방을 존중하는 뜻에서 높여 말하는 것이 좋다.

3) 겸양의 표현

가. 높임말과 겸양의 표현

가정에서 어른에 관하여 말할 때는 '잡수시다', '주무시다', 와 같은 높임말과 '드리다', 여쭈다', '뵙다', '모시다' 처럼 겸양의 말을 쓰는데 직장에서도 이러한 표현을 적절히 골라 쓰는 것이 바람직하다. 가정에서는 '할아버지 진지 잡수셨습니까?',처럼 '밥'에 대하여 '진지'를 쓰지만 직장에서는 '과장님 점심(저녁) 드셨습니까?', '과장님 식사하셨습니까?'처럼 '점심(저녁)'이나 '식사'로 쓰는 것이 좋다.

나. 윗사람이나 상사에 자기에 관계된 부분을 말할 때

자신과 관계된 부분을 낮추어 '저희 가게', '저희 학교', '저희 회사' 등과 같이 우리대신 '저희'를 쓰는 것이 바람직하다. 나라에 대해서는 '저희나라'로 써서는 안 되고 항상 '우리나라'로 써야 한다. 왜냐하면 말하는 사람, 듣는 사람 모두 같은 나라 사람이기 때문에 '저희나라'라고 할 필요가 없는 것이다.

4. 호 칭

1) 호칭의 중요성

호칭은 특정한 사람을 가리켜 말하는 명칭이다. 사람들은 사회생활을 하면서 많은 사람들을 만나고 또한 그 속에서 관계를 맺고 살아간다. 이러한 관계 속에서 예의나 예절의 중요한 부분을 차지하는 것이 호칭이다. 특히 직장은 여러 계층의 사람이 모여 있으므로 호칭 사용에 각별히 유의해야 한다. 더욱이 우리 사회는 서구사회와는 달리 호칭이 매우 복잡하여 사회생활에서 호칭 문제로 대인관계에 곤란을 초래할 수 있다. 따라서 상대방에 대한 적합한 호칭을 잘 익혀 사용하는 것은 직장생활의 기본이라 할 수 있겠다.

2) 직장에서의 호칭

직장에서의 동료는 오히려 가족보다 더 많은 시간을 함께 보낼 수 있으며 이는 직장에서 이루어지는 인간관계가 우리의 삶에 큰 영향을 미치고 있다고 할 수 있다. 직장에서의 화법은 동료, 상하간의 호칭, 지칭어 문제와 상급자 앞에서 차상급자를 높여야 하는가, 낮춰야 하는 가가 큰 문제이다. 상사에게는 존경의 마음을, 하급자에게는 상대를 배려하는 마음으로, 동기에게는 서로를 인정하는 마음가짐으로 올바른 호칭에 대해 알아보도록 하자.

가. 상사에 대해

- 직함이 있는 상사라면 성이나 이름, 부서명과 함께 직함을 부르는 것이 일반적이다.
  '송부장님', '송대한 부장님', '총무부장님'
- 직함이 없는 선배나 나이 많은 동료를 부를 때는 '000씨'라고 하기 어려우므로 성이나 이름뒤에 '님' 자를 붙인다.
  '0선배님', '000선배님'

- 상사에게 자신을 지칭 할 때는 '저', 또는 직급을 먼저 말하고 그 다음 이름을 말한다.
  '저', '총무과 대리 김민국입니다', '관리과장 000입니다'

나. 하급자에 대해

- 직책이 있는 하급자는 성이나 이름과 함께 직함을 불러 준다.
  '0부장', '000과장'
- 직책이 없는 하급자는 이름과 함께 '씨'를 붙여준다. 어떠한 경우라도 직장에서 '00야'라고 불러서는 안 된다. 나이가 어려도 직장인으로서 대우를 해 줄 필요가 있다.
  '000씨', '00씨'
- '미스0'나 '미스터 0'와 같이 외래어 표현은 듣는 사람에 따라 불쾌하게 여길 수 있으므로 주의한다.
- 하급자에게 자신을 지칭할 때는 부서와 이름 직급 순으로 사용한다.
  '총무부 000부장인데', '관리부 0부장인데'

다. 동급자에 대해

- 동급자간에는 성과 직위 또는 직명을 칭한다.
  '김부장', '총무부장',
- 직급이 없을 경우 '000씨' 또는 '00씨' 라고 호칭한다.
- 나이가 많거나 입사가 빠른 동급자일 경우 '000선배님' 이라고 부르는 것이 무난하다. 동급자라고 하여 '000씨', 또는 '00대리' 라고 부르는 것은 실례이다.
- 남자직원이 동년배나 나이차가 적은 동료 남자직원을 '형', '0형', '00형', '000형'이라고 부르고 가리킬 수는 있지만 사적인 느낌을 줄 수 있으므로 주의해야 한다.
- 여자동료 사이에도 '00언니' 라는 호칭은 직장에서 적합하지 않다.

라. 상사에게 그 아래 지위를 가진 상사를 지칭 할 때

- 직장생활에서 호칭은 서로의 존경과 배려를 기본으로 하기 때문에 호칭이나 지칭을 할 때 서로 높여 주는 것이 올바른 호칭이다
- '부장님, 김 과장님도 회의에 참석하셨습니다.'

제11장

전화 예절

1. 전 화

1) 전화응대의 중요성

전화는 고객과 기업을 연결하는 수단이며 고객과 만나게 되는 '제 1선 접점' 이다. 친절한 전화응대는 기업의 긍정적 이미지를 형성하여 기업의 이미지를 향상시킬 수 있다. 하지만 반대로 불친절한 전화응대 한 번으로 기업의 이미지를 한 순간에 떨어뜨려 부정적 이미지를 형성할 수도 있다.

전화는 사람과의 만남에서 가장 큰 시각적 요소를 배제한 채 만나게 되는 수단으로 음색과 음성의 크기, 톤(tone), 속도 등의 청각적인 요인이 중요하게 작용 한다. 그렇기에 전화는 보이지 않는 만남이지만 전화를 받는 사람의 분위기나 태도가 그대로 전달되므로 상대방이 바로 앞에 있는 것처럼 전화를 받아야 한다.

전화응대 능력에 따라 기업이나 개인의 신용을 얻거나 또는 치명적인 손실을 주기도 하기 때문에 올바른 전화응대매너를 숙지하여야 하고 실천해야 한다.

가. 회사이미지와 신뢰도 형성의 기준

- 일본의 도시바 사건이 그중에 하나라고 할 수 있다.
  1999년 9월 도시바의 신형 VTR을 구입한 고객이 전화로 A/S를 요청했으나 전화를 받은 직원이 욕설에 가까운 폭언을 한 사건으로 일본 전역에 도시바 불매운동으로까지 번졌으며, 결국 부사장이 공개석상에서 사죄하고 문제 제품의 재발 방지를 약속함으로써 종결짓게 된 사건이다. 이로 인해 기업은 이미지에 큰 타격을 받게 되었고 신뢰도가 하락하게 되었다.

나. 고객과의 제 1선 접점

- 전화는 응대방법에 따라서 개인이나 회사의 이미지가 좌우된다는 점에서 전화는 곧 회사의 얼굴이라고 할 수 있다. 즉 고객과의 얼굴 없는 만남이 이루어진다는 점에서 고객 접점의 제 1선이 되기도 한다. 전화를 거는 방법이나 받는 태도로 인하여 고객이나 상대방의 기분을 상하게 하는 것은 회사의 손실과 직결된다.

다. 고객응대 업무의 기본

- 전화는 상대방과 직접대면하지 않고 목소리나 언어만으로 대화가 이루어지기 때문에 상대가 그 의미를 오해하거나 자칫하면 실수를 범할 수도 있으므로 고객을 직접 응대하는 것보다 더 세심한 주의가 필요하다.

2) 전화응대의 특징

가. 청각적인 요소만을 통해 의사 전달

- 사람을 직접 대면하여 대화를 할 때는 서로가 상대방의 눈빛, 표정, 몸짓 등을 볼 수 있지만, 전화상으로는 대화할 때에는 얼굴 없는 만남으로 표정과 모습을 볼 수 없다. 그렇기에 면전에서보다 더 깍듯한 예를 갖추어 공손함과 친절함을 보여주어야 한다.
  서로 마주보고 대화를 할 때에는 고운 음성이 아니더라도 표정이 밝거나 몸의 제스처가 있으면 목소리 자체에 영향을 크게 미치지 않는다. 하지만 전화로 고객을 응대할 때에는 통명한 음성으로 냉정하게 응대한다면 고객은 불쾌함을 느낄 수 있기에 전화로 고객을 응대할 때에는 밝고 친절한 음성으로 대해야 한다.

나. 예고 없이 찾아오는 손님

- 전화를 언제 하겠다고 약속하고 전화를 하는 사람도 있지만 대부분은 사전 약속 없이 전화를 한다. 그러므로 언제 전화벨이 울릴지 모르니 항상 준비된 자세로 신속하고 정확하게 전화응대를 해야 한다.

다. 보안성이 없음

- 전화응대에는 보안성이 없다. 담당 부서로 연결시킬 때나 주변의 다른 사람들에게 무엇인가를 확인해야 할 때에는 반드시 보류 버튼을 눌러 불필요한 말들의 전달로 회사의 이미지가 손상되는 것을 막아야 한다.

3) 전화응대의 구성요인

고객을 직접 응대할 때와 비 대면으로 응대할 때 고객에게 인식되는 요인은 큰 차이를 보인다. 직접대화 할 때의 경우 표정이나 태도, 생김새, 옷차림 등의 시각적이 요소가 55%를 차지하고 그 다음 말투나 빠르기 목소리 톤, 어조 등의 청각적 요소가 38%, 그리고 언어적인 요소가 7%로 결정된다.

하지만 비 대면으로 응대하는 전화인 경우는 청각적인 요소가 무려 70%를 차지하고 나머지 30%가 사용되는 언어에 의해 결정되기 때문에 청각적인 요소의 중요성이 크다.

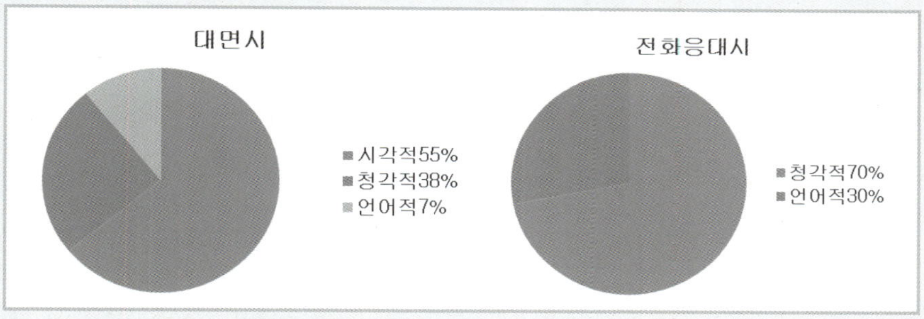

자료 : 알버트 매라비언 의 1971년 저서 (Silent Messages)

가. 표정

- 청각적인 요소 즉 목소리에도 표정이 있다. 밝은 표정에서 나오는 목소리와 무표정한 표정일 때의 나오는 목소리는 확연히 다르다. 항공사의 기내방송이나 백화점의 안내방송, 기타 고객이 보이지 않는 곳에서 방송하는 사람들의 제일 중요한 자세는 밝은 표정을 짓고 방송을 한다는 것이다. 이때 생기 있고 밝은 목소리가 나오며 톤도 한층 높아진다는 것을 느낄 수 있을 것이다.

나. 목소리

- 보통 밝고 명랑한 목소리를 내기 위해서는 솔~톤으로 유지를 하는 게 좋다. 지나친 저음이나 고음은 상대로 하여금 거부감

이 들게 할 수도 있다. 더불어 명료한 발음, 소리의 음량, 말하는 속도는 적당히 이해할 수 있게 말하며 청량감 있고 자신감 있는 톡톡 튀는 밝은 목소리로 생동감 있게 이야기 한다. 그리고 상황에 맞게 톤과 볼륨을 적절히 조절하고 날카로운 소리 콧소리를 없애고 음성을 잘 관리한다.

다. 전화언어

- 전화응대는 대면응대보다 언어적인 요소가 더 많은 영향을 미치고 있고 이는 전화 응대 시 적절한 어휘선택의 중요성을 말해준다.

일반언어	전화응대용어	일반언어	전화응대용어
우리회사	저희회사	모르겠습니다.	제가 알아봐 드리겠습니다.
데리고 온 사람	모시고 온 분	알아봐 주십시오.	확인해 주시겠습니까?
누구십니까?	어느 분이십니까?	기다리세요.	잠시만 기다려 주시겠습니까?
OO씨입니까?	OOO고객님 되십니까?	나중에 전화 드릴께요.	잠시 후에 전화 드리겠습니다.
잠시만 기다려 주십시오.	죄송하지만 잠시만 기다려 주시겠습니까?	그런 사람 없습니다.	죄송하지만 그분은 저희 직원이 아닙니다.
전화주십시오.	전화를 주시겠습니까?	들리지 않아요. 모라고요?	죄송하지만 전화상태가 좋지 않으니 다시 말씀해 주시겠습니까?
다시한번 말씀해 주십시오.	다시한번 말씀해 주시겠습니까?	고마워요	감사합니다.
알았습니다.	잘 알겠습니다.	전화 돌려 드릴께요.	전화를 연결해 드리겠습니다.

4) 전화응대의 3요소

전화는 고객접점의 제일선이 되며 다른 업무나 서비스에도 연쇄적인 영향을 미치므로 전화 응대 시에는 친절하고 신속하게 고객의 요구를 충족시키고 문제 해결에 즉각적인 도움을 줄 수 있도록 전문성을 갖추어야 한다.

가. 친절성

- 친절성은 고객이 가장 기대하는 사항이다.
- 음성에만 의존하기 때문에 목소리에 상냥함이 배어있어야 한다.
- 상대방이 알아들을 수 있도록 천천히 또박또박 말한다.
- 속어, 낮춤말, 반말 등의 사용을 피하고 경어를 사용하여 정중한 느낌으로 말한다.
- 전체적인 분위기나 느낌이 친절성을 결정하므로 사무적인 말투를 배제하고 친절하게 응대한다.
- 음성뿐 아니라 고객의 요구 충족을 위해 애쓰는 태도도 전달되어야 한다.

나. 신속성

- 고객은 자신의 욕구를 빨리 해결하고자 한다.
- 전화를 빨리 받는 것부터 친절한 응대이다.
- 전화벨이 3번 울리기 전에 받는 것이 좋다.
- 부득이하게 시간이 지체된 경우 '늦게 받아 죄송합니다.' 라는 사과의 말을 한다.
- 결과를 알려줘야 할 경우 예상 답변시간을 미리 안내한다.
- 약속했던 시간보다 늦어질 경우는 반드시 중간보고를 해서 고객이 기다리지 않도록 한다.

다. 정확성

- 고객이 전화를 하는 이유는 궁극적으로 자신이 궁금한 것을 알아보기 위함이므로 업무에 대해 정확히 알고 응대해야 한다.
- 고객에게 신뢰감을 줄 수 있도록 관련된 전문지식을 정확히 숙지하고 있어야 한다.
- 잘 모르는 일은 마음대로 답변하지 말고 책임자나 정확히 알아본 후 안내한다.
- 누가, 언제, 어디서, 무엇을, 왜, 어떻게 등의 5W 1H를 활용하여 항상 메모하는 습관을 들인다.
- 복잡한 용건이나 중요한 용건을 반드시 복창하여 확인하도록 한다.

전화응대의 3요소

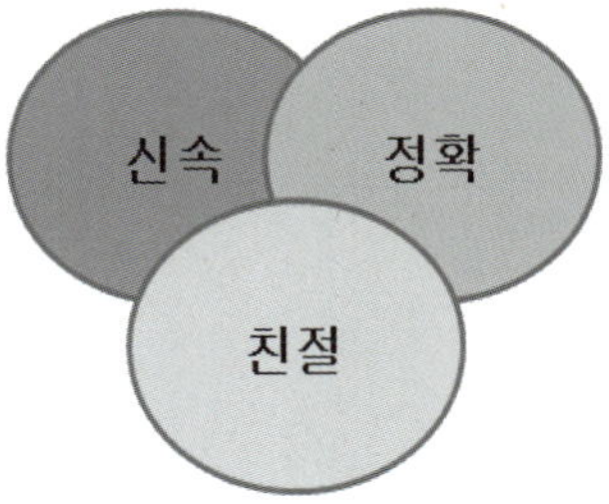

2. 전화응대 방법

1) 전화응대 자세

가. 신호가 3번 울리기 전에 왼손으로 전화를 받는다.

신호가 3번 울리기 전에 왼손으로 전화를 받아 오른손으로 메모를 할 수 있도록 한다. 바쁜 일을 하던 중이라도 전화벨이 세 번 울리기 전에 받도록 하며, 혹 늦게 받았을 경우는 죄송하다는 사과의 말을 먼저 하도록 한다.

나. 예의바르게 응대한다.

상대방에게 자신의 미소를 전달할 수 있을 정도로 예의바르게 응대한다. 전화 응대 시는 발음은 정확하고 목소리는 명랑하게 하여 의사전달이 확실히 되도록 한다. 바람직한 전화 목소리는 밝으면서도 공손하고 활기찬 목소리이다.

다. 언제나 메모할 수 있도록 한다.

전화응대 시 필요한 내용을 적을 수 있도록 전화기 옆에는 항상 공책과 펜을 가까이 두도록 한다. 통화 도중에 메모지나 펜을 찾는 태도는 상대방에게 신뢰감을 줄 수 없을 뿐 아니라 전문 직업인의 자세라 볼 수 없다.

라. 사적인 대화를 삼간다.

업무시간에 자주 사적인 통화를 하는 것은 자신의 업무에 소홀하다는 인상을 주기에 사적인 전화는 점심시간이나 퇴근시간 이후에 하도록 한다.

2) 전화를 걸때

가. 전화 걸기 전 Point

- 고객의 시간, 장소, 상황을 고려한다.
- 전화를 거는 것은 남의 집을 방문하는 것과 같은 배려가 필요하다.
- 전화를 걸 때에는 식사 시간이나, 너무 이른 시간, 심야 시간은 피한다.

나. 통화 할 용건과 필요서류 등을 점검한다.

- 통화할 용건과 순서를 메모한다. 통화 시에 필요할만한 자료는 미리 빠짐없이 준비해 둔다.(전화통화 전 점검은 특히 장거리, 해외전화 일 경우 필수적이다.)
- 상대방의 전화번호, 소속, 성명, 직함 등을 다시 확인한다.
- 5W 1H (What, When, Where, Who, Why, How) 를 염두에 둔다.
- 음성을 가다듬고, 자세를 바르게 한다.
- 메모 노트와 펜은 항상 책상위에 두어 언제든지 이용할 수 있도록 한다.

다. 먼저 자신을 밝힌다.

"안녕하십니까? 저는 00회사 00부의 홍길동이라고 합니다."

"안녕하십니까? 마케팅과 000입니다. 00건 때문에 전화 드렸습니다. 죄송합니다만 000씨가 있으면 바꾸어 주시겠습니까?"

- 상대를 확인한 후 지명인을 부탁한다.
- 상대와 연결되어 자신을 소개할 경우는 회사명, 부서명, 이름 순으로 밝히도록 한다.
- 상대편이 지금 전화를 받을 수 있는 상황인지 반드시 확인한다.
- 통화가 길어질 것이 예상될 경우, "통화가 좀 길어질 것 같은데 지금 시간이 괜찮으십니까?" 라고 먼저 말한다.

라. 용건을 말한다.

- 공적인 전화일 경우 인사는 간단히 하고 "다름이 아니오라" 등으로 서두를 시작하여 바로 용건으로 들어가도록 한다. 용건은 우선 결론부터 말하고 그 다음에 필요한 내용을 논리적으로 말한다.
- 상대방 입장에서 관심 있는 부분을 용건 화하여 간단명료하게 말한다.
- 일방적인 통화가 되지 않도록 한다.
- 용건에 대해 확인한다. 숫자, 시간, 이름, 장소, 연락처 등 주요 결정 사항은 반드시 재확인한다.
- 메모를 남길 경우

  "번거로우시겠지만 메모 좀 전해주시겠습니까?"라고 메모를 다 말한 후에 감사의 표현을 한다. 메시지를 남기고자 할 때는 메시지를 받아 적는 상대편 이름을 확인한다. 상대가 자리에 없을 때는 반드시 돌아올 시간을 확인해 둔다.

마. 끝인사

- 통화에 대한 감사인사를 한다.
- 다음 통화를 기약하고 상황에 따른 적절한 끝인사를 한다.
- 끊을 때는 원칙적으로 건 쪽에서 먼저 끊는다. 다만 상대방이 윗사람일 경우는 나중에 조용히 끊는다.

용건을 구상	6하 원칙에 의한 용건 구상을 합니다.
↓	
인사 + 소속 + 성명	인사와 함께 소속, 성명을 말합니다.
↓	
용건을 간결히 말함	용건은 간결하고 요령 있게 말합니다.
↓	
끝맺음 인사를 함	끝맺음 인사를 합니다.
↓	
수화기를 살짝 내려놓음	수화기는 상대방이 내려놓은 다음에 놓도록 합니다.

3) 전화를 받을 때

가. 전화벨이 3회 이상 울리기 전에 받는다.

- 벨이 3회 이상 울렸을 경우에는 '늦게 받아 죄송합니다.' 라고 한다.
- 수화기를 받음과 동시에 메모준비가 되어 있어야 한다.
- 인사말과 소속부서, 성명을 명확히 밝힌다. 이때 다소 천천히, 정확히 말하여 상대가 되묻는 일이 없도록 한다.
- 어떤 사람이 전화해서 "난데, 김과장 있어?" 라는 식으로 말할 경우는 "저는 마케팅과 000입니다." 라고 밝히고, "지금은 안계십니다. 실례지만 들어오시면 누구시라고 전해 드릴까요?" 라는 식으로 받는 것이 좋다.
- 상대를 직접 응대하는 것과 같은 바른 자세를 한다.

나. 상대를 확인하고 용건을 듣는다.

"실례지만 성함을 여쭤 봐도 될까요?", "어느 분이시라고 여쭐까요?" 등 전화를 건 상대방의 이름과, 소속, 용건을 확인하고 예의바르게 인사를 나눈다.

- 들을 때는 응답을 하면서 끝까지 차분하고 정확하게 경청한다.
- 찾는 사람이 없을 때는 용건을 메모한다.

다. 응답은 책임 있게 한다.

- 요점을 명료하게 메모, 정리, 복창하여 내용을 재확인 한다.
- 의문점 및 용건 해결에 필요한 질문을 한다.
- 무성의하게 응답하지 말고 용건 해결을 위한 해결방안을 상대방이 이해하기 쉽게 답변한다.
- 잘 모르는 내용인 경우에는 양해를 구한다음 담당자를 바꾸어 주거나 확인해서 연락드릴 것을 약속한다.

라. 끝맺음 인사를 한다.

"(전화 주셔서) 감사합니다. 안녕히 계십시오."

- 나에게 온 전화가 아니더라도 감사의 표현과 인사말을 잊지 않는다.
- 미해결된 전화용건은 없는지 확인한다.
- 상황에 따른 적절한 끝인사를 하고 상대방이 끊은 뒤에 조용히 수화기를 내려놓는다. 상대가 끊기 전에 내가 먼저 끊어버리면 상대에게 무례한 느낌을 줄 수 있으며, 혹여 마지막 전할 말을 못 듣는 경우가 있다.

신속히 받음	전화벨 3회 이내에 받습니다.
↓ 인사 + 소속 + 성명	명랑하고 밝은 음성으로 인사와 함께 소속, 성명을 말합니다.
↓ 먼저 요구사항을 파악	고객이 말하기 전에 적극적으로 고객의 요구를 물어본다.
↓ 경청과 느낌 전달	고객을 위해 애쓰고 있다는 점이 고객에게 전달되어야 한다.
↓ 감사의 표시	고객이 전화를 걸어준 것만으로도 감사해야 한다.

4) 상황별 전화응대 예절

가. 찾는 사람을 연결해 줄 때

(김 과장님 좀 부탁드립니다.)

"네, 김 과장님 곧 연결해 드리겠습니다. 연결 중 끊어지면 전화해주십시오"

- 연결 중 끊어질 것을 대비하여 상대가 원하는 사람의 직통번호를 알려주고 친절히 연결한다.
- 전화 받을 사람을 확인하고 전화를 연결할 때는 홀드버튼을 사용한다.
- 송화구를 손으로 막은 다음, 전화 받을 사람에게 연결해 준다.
- 전화 통화중에 다른 사람과 상의할 일이 생기면 양해를 구하고 상대방에게 대화가 들리지 않도록 송화기를 막는다.
- 서비스 센터에 전화를 걸어 다른 담당자에게 전화 연결 시 무성의하게 이리 저리 돌려 시간이 많이 걸리고 한없이 기다릴 경우 고객은 매우 불쾌해 진다. 게다가 똑같은 이야기를 여러 번 해야 하는 경우도 있다. 통화중인 상태에서 고객에게 다른 직원을 연결할 필요가 있다면 담당자에게 그 고객의 용건을 간략히 소개하여 통화내용이 지속되도록 하여 고객이 다시 처음부터 설명을 해야 하는 불편을 사전에 줄여주어야 한다.
- 일단 연결이 되면 기다리도록 양해를 구하고 전화에 감사표시를 하며 조용히 수화기를 내려놓는다.

나. 담당자가 통화중일 때

"지금 000씨가 통화중인데 괜찮으시다면 잠시만 기다려주시겠습니까?"

- 업무 중의 통화는 길지 않기 때문에 잠시 기다릴 것인가를 물어본다.
- 전화 받을 사람이 즉시 전화를 받을 수 없을 때, 이를테면 통화중이거나 중요한 회의 중일 때는 중간 상황을 상대방에게 알려주어 다시 전화하거나 기다리게 한다.

다. 기다리는 상대가 더 기다려야 할 때

"죄송합니다만, 000씨가 통화가 길어질 것 같습니다. 메모 남겨 주시면 곧 전화 드리도록 하겠습니다."

- 바로 전화가 불가능할 경우 양해의 표현과 함께 메모를 받아 전화를 드리도록 한다.

라. 담당자가 부재중일 때

"지금 000씨가 부재중으로 2시쯤 들어올 예정인데, 메모 남겨주시면 전해드리겠습니다."

"잠시 자리를 비우셨습니다만, 메모를 남겨 드릴까요?"

"지금 사무실에 안 계십니다. 제가 도와드릴까요? 메시지 남기시겠습니까?"

"제가 도와드릴 수 있습니다.(필요시)"

- "나중에 다시 하세요"와 같은 표현은 삼간다.
- 부재중인 사유와 예정을 알려주고, 용건을 정중히 묻는다.(자신의 이름을 알려준다.)
- 조퇴라던가 병원에 있다거나 하는 개인적인 정보 전달은 피한다.
- 전화를 끊고 메시지를 수신자에게 전달한다.
- 통화 가능시간을 알리고 메시지를 받아 이쪽에서 전화를 걸도록 한다.
- 메시지를 받을 때 반드시 다음 사항은 기입해 놓는다.
  이름, 회사명, 전화번호, 간단한 메시지, 답신 할 수 있는 시간, 전화 건 시간, 날짜, 받은 사람 이름 등을 받아 적어 놓는다.

마. 전화를 받을 사람이 보이지 않거나 멀리 있을 때, 담당이 아닐 때

- 전화로 받을 사람을 확인한 후 연결시키거나 전화 받을 사람이 즉시 받을 수 없을 때는 그 상황을 알려준다.
- 설령 잘못 걸려온 전화일지라도 친절히 응대하고, 상대가 필요한 곳을 알고 있다면 친절히 알려 주는 것이 좋다.

이때 무조건 전화를 연결하는 것은 피해야 한다. 본인이 담당이 아니라면 전화를 연결하기 전에 다른 직원에게 연결해도 될지 고객으로부터 항상 허락을 득해야 한다.

- 고객이 전화를 오래 기다리게 될 경우 대략 20~30초마다 그 고객에게 전화를 잊지 않고 있다는 것을 알려주기 위해 확인시킨다. 또한 일단 전화를 다시 받았을 때는 전화를 건 사람에게 기다려 준 것에 대한 감사를 한다.

바. 통화도중 전화가 끊겼을 때

"전화가 끊어졌습니다. 죄송합니다."

- 도중에 전화가 끊겼을 경우 이때 전화를 바로 다시 걸어서 고객이 기다리지 않도록 한다.
- 고객보다는 전화담당자가 먼저 전화를 연결하도록 한다.

사. 전화상태가 좋지 않아 알아듣기 어려운 경우

"죄송합니다만, 전화감이 먼 것 같습니다. 다시 한번 말씀해 주시겠습니까?"

"전화를 다시 걸어주시면 감사하겠습니다."

"제가 다시 전화를 걸도록 하겠습니다"

- 잘 들리지 않는다고 해서 큰 소리로 말하지 않도록 한다.
- 자신은 잘 들리지 않아도 고객은 잘 들릴 수 있으므로 작은 언행에도 주의를 기울이도록 한다.
- 고객 전화번호가 있다면 자신이 먼저 다시 걸겠다고 정중히 말씀 드리도록 한다.

아. 전화가 잘못 걸려 왔을 때

"실례지만 전화를 잘못 거신 것 같습니다. 여기는 00부서입니다."

- 잘못 걸려온 전화라도 퉁명스럽게 끊지 않도록 한다.

- 반대로 잘못 걸은 것을 알았을 경우에도 바로 끊어 버리지 말고 "죄송합니다만 잘못 걸었습니다."라고 정중히 말한다. 실제로 퉁명스러운 말 때문에 상대의 발신번호를 확인하여 언쟁을 벌인 결과 경찰 고소장 까지 제출하게 되는 상황도 발생하였다.
- 잘못 걸었을 경우 반드시 번호를 확인하여 다시 전화 걸지 않도록 주의한다.

자. 손님과 대화중 전화가 걸려 왔을 때

"죄송하지만 잠시 전화를 받겠습니다."

"기다려 주셔서 감사합니다."

"실례지만 지금 손님이 앞에 계셔서 잠시 후에 제가 다시 연락드려도 되겠습니까?"

- 실제적으로 고객이 앞에 계신 상황에서 전화를 받을 경우에는 반드시 양해를 구해서 전화를 받도록 한다.
- 전화 통화를 하는 고객도 마찬가지로 잠시 후 연락드려도 되겠는지에 대해 정중히 양해를 구한다.
- 간단한 문의 사항이라면 신속히 안내한 후 전화를 끊은 후에 고객에게 감사하다는 인사말을 건낸다.

차. 통화중 고객이 올 경우

"죄송하지만 통화중이라 잠시만 기다려 주시겠습니까?"

"기다려 주셔서 감사합니다, 무엇을 도와 드릴까요?"

"말씀 도중에 죄송합니다만 고객이 오셔서 잠시만 기다려 주시겠습니까?"

"기다려 주셔서 감사합니다."

- 통화중에 고객이 올 때는 잠시 전화를 멈추고 오신 고객에게 양해를 구하고 잠시 기다려 달라고 정중히 말씀드린다.
- 통화가 끝난 후에는 "기다려 주셔서 감사합니다." 라는 인사를 반드시 한다.
- 통화중이던 고객에게도 양해의 말을 건네도록 한다.

카. 메모 받았을 때

(저는 00산업의 홍길동이라 합니다.)

"네, 00산업의 홍, 길자 동자님이세요."

- 이름을 복창할 경우 한 자 한 자 정확히 발음하여 성에는 子를 붙이지 않는다.

  (전화번호가 000에 0012번입니다.)

  "네, 영 영 영에 영영하나둘 맞습니까?"

- 1,2가 섞여 있거나 번호의 끝에 있을 경우는 "일", "이"라고 말하는 것 보다. "하나", "둘" 이라고 말하는 것이 정확하다.
- 특별히 전언을 당부 받았을 경우, 자신을 밝히면 상대에게 신뢰감을 줄 수 있다.

타. 통화 도중 고객이 방문한 경우

- 먼저 눈인사와 가벼운 목례로 곧 응대할 것을 알린다.
- 가능한 통화를 빨리 끝내도록 하며, 통화가 길어질 경우 양해를 구한다.

파. 기침이나 재채기가 나오는 경우

- 수화기를 막고 들리지 않도록 하며 급한 경우 고개만 돌린다.
- 고객에게 양해를 구하고 통화를 이어나간다.

3. 전화 에티켓

1) 전화응대 에티켓

전화를 받을 때 바로 내 자신이 회사를 대표한다는 마음으로 성의껏 응대하여야 한다. 전화응대는 청각적 요소만으로 나의 친절을 표현해야 하므로 음성, 말씨, 정중한 표현, 정확한 언어, 적당한 속도 등의 표현에 주의한다.

- 대면서비스와 마찬가지로 전화를 건 고객과 직접 마주앉아 대화하듯이 고객의 말을 적극적으로 경청하는 것이 중요한 전화 기술이다.
- 상대방의 표정, 태도, 주변의 환경을 알기 어려우므로 항상 상대방의 전화응대 상황을 항상 고려하여 적절하고 신속하고 확실한 답변을 취한다.
- 메모를 받는 경우, 해당자에게 정확한 내용을 반드시 전달하고 중요한 내용인 경우 강조하여 또박또박 말하면서 상대에게 정확히 전달되었는지 확인한다.
- 항상 바른말로 정확하게 표현하며 유행어나 속어, 낯선 외국어 등은 피한다.
- 내 시간뿐 아니라 상대방의 시간도 중요하다. 고객에게 전화할 경우 미리 생각을 정리하여 용건만 간단히 한다. 고객에게 정보를 제공하는데 시간이 걸리는 경우 중간보고를 하며 무작정 기다리게 하기보다는 알아본 후 연락 할 것을 제안한다. 간결하게 통화하며 보고나 결과 통보의 경우 예정 시간 등을 미리 알린다.
- 통화도중 끼어들거나 주변사람의 대화를 엿듣고 같이 웃거나 하면 무례하고 의사소통이 단절된다.
- 업무 중에는 사적인 전화를 되도록 삼간다.

- 말을 하거나 질문할 때 잠시 간격을 두어 대화의 흐름을 여유 있게 하고 긴장감을 해소한다.
- 공중전화나 핸드폰으로 전화를 걸때는 미리 양해의 표현을 하는 것이 에티켓이다. 그래야 통화 도중에 갑자기 끊겨도 상대가 불쾌하게 느끼지 않으며, 상대에게 신속, 간단하게 전화해야 함을 알려주는 것이 된다.
- 자신의 할 말만을 얘기하고 먼저 끊는 경우가 있다. 이 경우 상대는 매우 불쾌한 느낌을 갖게 된다. "전화해주셔서 감사합니다.", "안녕히 계십시오.", "좋은 시간 되십시오", "즐거운 하루 되십시오" 라는 마무리 인사말과 상대가 끊는 것을 확인 후에 수화기를 내려놓는다.
- 고객 응대 시 다음과 같은 무성의한 전화응대는 상대방이 전화상으로 충분히 느낄 수 있으므로 피한다.

- 옆 사람과 얘기하면서 하는 통화
- 음식물을 먹으면서 하는 통화
- 수화기를 턱과 어깨 사이에 걸치고 하는 통화
- 다른 작업을 하면서 하는 통화

2) 휴대전화 사용매너

- 공공장소에서는 벨소리 대신 진동모드로 해둔다.
- 통화는 용건만 간단히 짧게 한다.
- 상대에게 전화를 걸 경우 아침 9시전, 밤 9시 이후에는 가능한 하지 않도록 한다.
- 공연장, 극장, 콘서트 등에서는 휴대전화를 꺼두거나 진동모드로 해둔다.
- 전자 장비 및 의료 전기 장비를 취급하는 병원, 비행기 등의 사용을 금지된 지역에서는 전원을 꺼두어야 한다.
- 운전 중 휴대전화를 사용할 때에는 핸즈프리를 이용하거나 가급적 전원을 꺼두는 것이 좋다.

Imagemaking
Communication
Interview

이미지메이킹에서 면접까지

제12장

이력서 및 자기소개서

1. 이력서 작성하기

1) 이력서의 의미와 중요성

이력서는 취업을 목적으로 자신의 정보를 기재해 회사 등에 보여주기 위해 제출하는 서류이다. 지원자의 인적사항, 학력사항, 경력사항, 자격사항, 교육사항, 기타 외국어, 컴퓨터 활용능력을 보여주기 위해 작성하는 문서이다.

이력서를 통하여 기업의 인사 담당자는 지원자를 처음으로 대면하게 되고 첫 이미지를 이력서를 통하여 받게 되며, 지원자의 역량이나 능력, 태도 등을 판단하게 된다. 반대로 지원자에게는 자신을 마케팅하고 홍보해 줄 자료이기도 하다.

이렇듯 이력서는 인사 담당자와 자신을 연결시켜 주는 중요한 매개 역할을 하므로 지원자는 솔직하고 성실하게 문서를 작성해야 한다. 이력서는 취업을 하기 위한 첫 번째 면접임을 기억하자.

2) 이력서 작성

최근 인재 채용시 온라인 접수를 시행하는 기업이 늘고 있다. 온라인 접수는 오프라인이나 우편, 전송 등의 접수 방법 보다는 모든 면에서 편리하고 효율적이다. 그러나 클릭하나로 바로 전송이 되므로 주의를 기울일 필요가 있다.

온라인 접수 방법에는 크게 두 가지로 나누어 볼 수 있는데 그 하나는 기업의 홈페이지에 접속하여 주어진 양식에 따라 채우는 방법과 자유 형식으로 작성하여 기업체의 채용담당자의 이메일로 발송하는 방법이 있다.

◆ 주어진 양식의 이력서

주어진 양식에 따라 채우는 이력서는 최대한 빈칸을 남기지 않고 모든 항목을 성실히 작성한다. 사진크기나 형태, 저장파일, 주의사항, 요구사항을 명시하고 있으며 해당 주의사항을 따라 읽은 다음 여유를 갖고 작성하면 된다.

◆ 자유형식의 이력서

특정한 양식이 정해져 있는 것이 아니라 지원자가 자신이 알리고 싶은 내용을 임의로 작성하는 이력서이다. 기본적으로 작성해야 하는 항목들을 살펴보자.

사진

사진은 자신의 첫 이미지를 전달하는 것이므로 각별히 신경 써야 한다. 최근에는 포토샵과 같은 이미지 편집프로그램을 사용하여 자신의 모습을 전혀 찾아볼 수 없을 만큼 과도한 수정을 하는 경우가 있는데 실물에서 크게 변형되지 않도록 한다.

이마가 보이는 깔끔한 헤어스타일과 정장을 입고 입 꼬리를 살짝 올려 스마일 표정을 지어 전체적으로는 단정하고 부드러운 느낌이 들도록 한다.

최근 3개월 사진을 권장하고 계절에 맞지 않은 옷을 입고 찍은 오래된 사진은 쓰지 않도록 한다. 이력서 사진은 전문사진관에서 찍도록 한다.

성명

성명은 한글과 한자 모두 기재하며 필요시 영문 이름도 작성한다. 가끔 면접 시 한자의 뜻을 물어보는 경우도 있으니 정확한 의미를 알아두자. 나이는 만 나이로 작성한다.

생년월일

2005년 개인정보보호법에 따라 개인을 식별할 수 있는 정보의 중요성이 더욱 확대되었다. 따라서 주민번호를 모두 기재하는 것보다 123456-2789*** 과 같이 남녀 식별할 수 있는 뒷자리 앞에 1이나2를 표기하고 끝에 세 자리 정도는 ***으로 기재하는 것을 권장한다. 그러나 요즘은 생년월일만 기재해도 무난하다.

연락처

최근엔 집 전화를 사용하지 않은 경우도 있어 빈칸으로 두거나 휴대폰 번호 하나만 기재하는 경우가 있는데 휴대폰번호와 함께 비상시 연락 가능한 연락처 하나를 반드시 작성하도록 한다. 잘 모르는 발신자 표시번호가 뜨면 스팸 번호로 오해하기 쉬워 받지 않게 되는 경우도 있게 되고 이때 회사에서 온 연락을 받지 못할 수도 있다.

주소

현주소는 실제 거주지를 기재하고, 본적은 호적에 있는 주소를 쓴다. 2014년 이후 도로 명 주소로 바뀌었으므로 새로운 주소를 확인한다. 최근 일부 기업에서는 출퇴근 거리가 먼 관계로 직원들이 이직하는 경우도 생겨 실제 거주지가 먼 지원자는 기피하는 경향이 있기도 하다.

학력사항

졸업연월, 학교명, 졸업구분, 전공, 학점 등을 기재한다. 졸업연월은 관계서류를 찾아 정확히 기재하는 성의가 필요하다. 학교명은 '고대', '연대', '외대'처럼 줄여서 쓰지 말고 '고려대학교', '연세대학교', '한국외국어대학교'와 같이 정확한 이름을 쓰도록 한다. 학력사항은 고등학교부터 기재하는 것이 일반적이나 필요하다면 초등학교부터 기재해도 무방하고 최근 졸업한 학교부터 기재하도록 한다.

경력사항

근무기간, 근무처, 직위 담당업무를 구체적으로 기재한다. 자신의 역량을 여러 경험을 통해 나타낼 수 있고 면접 시 질문을 더 받을 확률도 있다. 학생의 경우 사회경력이 없다면 아르바이트 경력이나 교육수료사항, 봉사경력, 수상경력도 기재할 수 있다. 예를 들어 편의점 아르바이트의 경우도 담당업무의 내용을 '제품의 유통기한 및 파소 여부 확인', '상품 입고 시 검수', '청결', '상품진열', '운영', '고객응대', '케쉬어' 등의 구체적이고 명료하게 기재한다면 좀 더 전문적인 경력의 느낌을 줄 수 있다.

자격증

직종에 관련된 자격증뿐만 아니라 취미에 가까운 것이라도 꺼리지 말고 쓰도록 한다. 자신의 정보를 가능한 많이 제공하는 것은 자신의 전체 모습을 이미지화하는데 중요하다. 자격을 증명할 수 있어야 한다.

취미 및 특기

지원자는 오히려 취미나 특기 사항을 중요하게 생각하지 않는 반면 인사 담당자의 70%가 중요하게 생각한다는 조사결과가 나온 적이 있다. 예를 들어 영업직에 지원하는 사람이 특기를 마술이라고 했다면 인사담당자가 생각하기에 지원자는 '사람들 앞에 나서는 것에 대한 두려움이 없겠다'라고 생각할 수 있다. 이는 고객을 만나서 영업을 해야 하는 직원으로서 적합한 인재라는 인식을 줄 수 있다.

가족호칭

가족관계를 기재할 때 올바른 호칭을 사용하도록 한다.

부(父아비: 부), 모(母어미: 모), 남편(夫지아비: 부), 아내(婦아내: 부), 여동생(妹손아래누이: 매), 남동생(弟아우: 제), 오빠, 형(兄맏: 형), 누나(姉손위누이: 자), 조모(祖母), 조부(祖父)

3) 이력서 작성 시 주의사항

이력서를 작성하기 전에 회사 홈페이지를 방문하여 Q&A나 입사 지원서 정보란을 클릭하여 이력서 작성 시 요구사항이 있는지, 작성법 관련 특별한 지시가 있는지를 사전에 확인 해둔다. 좀 더 적극적인 방법으로 지원회사를 파악하기 위해 직접 방문해 보는 것도 권한다. 이때 의문사항이 있으며 질문도 해 본다.

한글이나 워드, 파워포인트 등으로 이력서를 작성할 경우 항목배열, 줄 간격, 자간, 셀의 높이조정, 불필요한 여백제거, 글씨크기, 서체 등을 고려하여 작성한다.

이력서 작성 시 눈에 띄거나 보기 쉽게 하기 위해 여러 색상을 넣어 혼란스럽지 않도록 한다.

◆ 이력서를 이메일로 보낼 때는

가. 제목에는 회사, 지원 분야, 신입 또는 경력, 이름, 이력서(입사 지원서)를 반드시 기재한다.
'00회사 영업부 신입 직 김민국 입사지원서(입니다)'

나. 파일명에도 '신입 직 김민국 입사지원서' 라고 쓴다.

다. 제목과 작성서류만 발송한다면 깊은 인상을 남길 수 없으므로 간단한 인사와 첨부파일 여부, 개수나 파일의 종류에 대해 쓰고 '귀사의 무궁한 발전을 기원합니다., '좋은 소식으로 다시 뵙고 싶습니다.' 등의 마무리 인사를 하고 연락처와 이름을 쓴 후에 보내도록 한다.

라. 수신함의 받은 메일은 자주 확인하고 필요 없는 메일은 삭제하여 수신 공간을 확보해 둔다.

마. 메일 아이디명은 이름 이니셜이나 숫자 조합이 적합하다.

바. 발신자명이 이름인지 별명인지 반드시 확인하여 실수하지 않도록 한다.(예: 꿀꿀이, 귀염둥이)

이력서체크리스트

NO	항목	체크	
		YES	NO
1	지원회사 양식을 사용하였는가?		
2	지원 분야에 대해서 채용공고의 명칭과 동일한가?		
3	각 항목에서의 기간 표기나 명칭에 오타는 없는가?		
4	최근 촬영한 사진으로 규격에 맞추어 부착되었는가?		
5	이름, 생년월일, 나이, 우편번호, 주소, 전화, 이메일 주소 등 빠진 부분이 없는가?		
6	입학 년 월, 졸업 년 월, 이수구분, 학교명, 전공, 학점은 빠짐 없이 기록하였는가?		
7	발행기관, 자격면허명칭, 급수, 취득연월, 유효 년 월을 표시하였는가?		
8	빈칸으로 남겨둔 곳이 없는가?		

입 사 지 원 서
EMPLOYMENT APPLICATION

지원 구분	
지원 부문	

인적사항	성 명	한 글		한 자		주민번호		
	주 소					기본사항	나 이	
							결혼여부	
	병 역	군 별		계 급		집 전 화		
		기 간				휴 대 폰		
	면제사유		보훈여부			E-mail		

학력	입학년월	졸업년월	학 교	전 공	졸업구분	성 적

경력	기 간	근 무 처	담 당 업 무

외국어	외국어명	TEST명	성 적	자격면허	자격면허명	등 급

수상경력	수 상 일 시	단 체 명	수 상 내 용

사회활동	동 아 리		취 미	
	봉 사 활 동		특 기	
기타 특이사항				

2. 자기소개서 작성하기

1) 자기소개서의 중요성

최근 취업이 어려워지고 있고 대학 졸업생들 사이에는 취업의 문제가 큰 고충이 되고 있는 것이 현실이다. 따라서 입사지원서를 내고 한 번에 취업이 된 사람은 그리 많지 않을 것이다. 적어도 5~10번, 아니 그 이상도 제출하여 입사한 경우가 더 많다. 한두 번 지원하고 포기하는 일은 없어야겠다.

기업으로서는 급변하는 경영환경에 걸 맞는 인재를 뽑기 위해 서류전형을 통과하여 면접이라는 핵심과정으로 나름대로 생존하기 위한 인재등용에 노력을 다하고 있다. 그러면 기업은 어떤 인재를 원할까? 기업은 학력이나 경력보다는 일에 대한 도전적인 자세와 열정을 원하고, 개인보다는 팀워크를 우선시하는 사람을 원하며, 개성이 강한 사람보다는 조직사회에 잘 적응할 수 있는 인재를 원한다. 특히 자신의 직무에 대한 전문성을 갖추고 충성도가 강한 인재를 선호한다. 따라서 기업에서 원하는 인재상에 맞게 자기소개를 작성해야 한다.

서류전형에서도 가장 역점을 두어야 하는 것은 이력서 그 다음으로 자기소개서이다.

이력서는 객관적이고 신뢰를 바탕으로 한 형식적인 서류라면 자기소개서는 정형화 되어 있는 서류이기는 하지만 이력서보다는 주관적인 글이다. 따라서 자기소개서는 작성자 입장에서 자신을 강조하여 마케팅을 할 수 있는 방법이며 자신을 어떻게 기술하고 표현하는가에 따라 훌륭한 인재라는 점을 강조할 수 있다.

최근 한 위업 포털사이트가 인사담당자를 대상으로 서류전형 평가 시 가장 고려한 부분이 무엇인지에 대한 질문결과 '자기소개서'가 응답률 46.9%로 가장 고려되는 사항 중에 1위 항목으로 조사됐다.

그 다음으로

- 자기소개서(46.9%)
- 컴퓨터 활용능력(31.8%)
- 직무관련 자격증 보유(27.5%)
- 인턴 및 아르바이트 경험(27.0%)
- 해외 어학연수 경험(3.8%)
- 출신학교(2.8%)
- 어학점수(2.8%)
- 학점(2.4%) 순이다.

기업은 자기소개서를 통하여 지원자의 가정환경 및 성장배경, 입사 지원동기와 장래성은 물론 사고방식까지 인사담당자는 알 수 있다. 이와 같은 일련의 사항을 통하여 인사 담당자는 지원자가 자신의 회사에 꼭 필요한 인재인지의 여부를 판단하고자 한다. 또한 면접의 기초자료로 활용되고 있으므로 신중을 기해 써야 한다.

2) 자기소개서 작성 시 주의사항

자기소개서의 작성은 서류지원의 난관 중 하나이다. 생각보다 첫 문장을 시작하기 어렵고, 지우기를 반복하며 오랜 시간이 지나도 한 항목을 채우지 못하는 지원자가 많다. 그 이유는 '지원서'라는 양식이 주는 부담과 완벽한 내용을 채우려는 조급함 때문일 것이다. 처음부터 완성된 자소서를 쓰겠다는 생각보다 여유를 갖고 우선 부담 없이 써내려가고 반복된 수정작업을 통해 완성도 있는 자기소개서를 작성해 보자.

가. 보기 쉽게 작성한다.

인사 담당자가 자기소개를 보는 시간은 1분이 채 되지 않는다고 한다. 따라서 짧은 시간 안에 자기소개서를 한 눈에 들어오게 쓰는 것도 매우 중요하다. 예를 들어 우리가 책을 읽을 때 글자 수가 많은 것 보다는 중간에 그림도 있고 단락이 나누어져 여백도 있는 책을 좀 더 수월하게 넘기며 읽을 것이다. 자소서도 마찬가지로 글자 수에 대한 부담으로 여백 없이 촘촘하게 쓰는 경우가 많은데 이는 읽는 사람으로 하여금 부담을 느끼게 될 수 있다. 글자 수는 90%정도 작성해도 무난하다.

따라서 좀 더 쉽게 읽기 위해서는 내용에 따라 '단락'을 나누어 인사담당자로 하여금 조금 편하고 쉽게 읽을 수 있도록 한다. 또한 항목마다 '소제목'을 달아 내용이 무엇을 말 할 것인지에 대해 임팩트 있게 만들어 보는 것도 좋은 방법이다.

① 글자 수의 압박에서 벗어나라.
② 내용에 따라 단락을 나눈다.
③ 소제목을 임팩트 있게 만든다.

나. 형식에 맞추어 쓴다.

자기소개서는 자신을 소개하는 공식적이 문서이다. 따라서 지나치게 긴 문장이나 적합하지 않은 내용, 맞춤법, 띄어쓰기 등이 맞지 않을 때에는 눈에 거슬리게 된다. 수정작업을 하면서 꼼꼼히 점검하도록 한다. 또한, 일기 형식의 자기소개서는 바람직하지 않다. 일기형식은 감정적, 추상적이라는 특징을 가지고 있다. 자소서는 단순히 자신의 느낌이나 생각을 표현하면서 자신만의 인생학을 펼치는 것이 아님을 기억하자.

다. 인사담당자의 입장에서 쓴다.

자기소개서는 일기형식이 아니듯 자신의 생각이나 느낌을 감성적으로 쓰는 것이 아니라 객관적이고 논리성 있게 쓴다. 인사담당자는 자기소개서를 바탕으로 지원자가 회사에 적합한 인재인지를 판단하고자 한다. 따라서 지원회사와 연결하여 지원자의 자질과 성향을 표현하되 지원자의 서류를 읽는 인사담당자의 입장을 깊이 생각해서 쓰도록 한다.

라. 문장을 길지 않게 리듬을 타는 문장으로 만든다.

지원자의 자소서를 읽어보면 장황하게 긴 문장들이 연결된 경우가 있다. 혹은 문장이 반복되어 지루하게 느껴지기도 한다. 문장의 길이도 리듬을 타면 좋다

한글파일을 기준으로 한 문장의 길이가 한줄 반을 넘지 말아야 한다. 그 이상이 되면 문장 구성이 어설프게 느껴지고 전달력이 약해진다. 따라서 한줄 반, 한줄, 반줄 등 다양한 길이의 문장을 자유롭게 활용하여 리듬을 타면 세련된 구성의 느낌과 강조하고 싶은 내용이 잘 전달될 것이다.

마. 어휘선택은 긍정적, 진취적으로, 식상한 어휘는 피한다.

지원자는 자신이 쓴 내용을 강조하기 위해 부정적인 어휘를 선택하는 경우가 있는데 이보다는 긍정적인 어휘를 사용해 전체적으로 자기 소개서의 느낌을 밝게 표현하는 것이 좋다.

- 어학 공부를 게을리 하지 않겠습니다. ⇒ 어학 공부를 꾸준히 하겠습니다.
- 이것을 당연히 여기는 자만에 빠지지 않겠습니다. ⇒ 이것을 중요시 생각하겠습니다.

또한 ‘뽑아만 주신다면’, ‘준비된 인재’, ‘화목한 가정의..태어나’ 등의 식상한 어휘는 피하는 것이 좋다.

다음 자료는 인크루트 자료를 인용하여 응용한 것이다.

자기소개서에서 호감을 주는 문구

1. 긍정적이고 밝은 문구(84.9%)
2. 팀워크 문구(82.5%)
3. 책임감과 협동심이 많은 문구(73.8%)
4. 성실하고 근면한 문구(73.0%)
5. 열정적인 문구(63.5%)
6. 00분야의 전문가가 되고 싶다는 문구(62.7%)
7. 친구가 많은 문구(55.6%)
8. 00한 경험을 통해 00를 배운 문구(54.0%)
9. 독립적인 문구(51.6)
10. 최선을 다하는 문구(46.8%)

자기소개서에서 식상함을 주는 문구

1. '저는'으로 시작하는 문장이 중복되는 문구(80.2%)
2. '뽑아만 주신다면' 이라는 문구(73.0%)
3. '우등생, 반장, 1등' 이라는 문구(71.4%)
4. '엄격하시지만 자상하신 부모님의 가르침' 이라는 문구(66.7%)
5. '화목한 가정의 몇 남매로 태어나' 라는 문구(62.7%)
6. '초일류, 최고의' 라는 문구(61.1%)
7. '무슨 일이든 열심히' 라는 문구(57.9%)
8. '솔직히 말씀드리면' 라는 문구(56.3%)
9. '준비된 인재' 라는 문구(56.3%)
10. '약속드립니다.' 라는 문구(55.6%)

바. 반복문장으로 결론을 명확히 한다.

자기소개서의 항목 중 '지원동기' 나 입사 후 포부'는 인사담당자에게 명확히 전달될 수 있도록 핵심문구를 반복 정리해서 작성하도록 한다. ~의 이유로 지원하게 되었습니다.', '어떠한 직원이 되겠습니다.'로 마지막 문장을 매듭지으면 지원자의 의견이 한결 깔끔히 정리되고 명확히 전달이 되는 느낌을 줄 수 있다. 이는 면접 시 질문에 대한 답변 시에도 활용하면 좋다

3) 자기소개서 구성법

가. 입사하려는 회사에 대한 지식은 필수다.

자기소개서를 쓰기 전 가장 먼저 해야 할 일은 지원 회사에 대한 공부다. 그 회사가 무엇을 파는 회사인지, 어떤 비전을 갖고 있는지, 원하는 인재상은 무엇인지를 알고 이를 자기소개서에 잘 녹여 내려야 한다. 지원회사의 홈페이지 내에서는 경영철학, 경영이념, 인재상, 추구방안, 비젼, 미션 등이 조직에 관한 내용이 있다. 또한 최근 회사관련 기사 및 전체적인 수상경력, 광고 등에서 많은 정보를 얻을 수 있으며 이를 통해 회사의 성격과 추구하는 인재상을 확실히 인지할 수 있다. 여기서 회사에 대한 주요한 키워드를 발췌하여 자기소개서에 적절히 활용한다.

나. 자신의 경험을 지원하는 직무에 연결한다.

자기소개서의 설득력을 높이기 위해 개인 사례는 좋은 방법 중에 하나이다. 기업의 입장에서 채용의 목표는 입사 후 일을 잘 할 사람을 뽑는 것이다. 이는 거꾸로 지원자에게 자기소개서는 자신이 얼마나 직무에 적합한지를 설득, 홍보하는 기회를 갖는 것이다. 지원자들이 흔히 하는 실수는 자신이 자랑하고 내세우고 싶어 하는 경험을 억지로 직무와 연결 지으려고 하는 것이다. 아무리 화려한 경험이라도 직무와 관련 없는 것은 의미가 없고 직무와 맞는 경험을 골라 작성하는 것이 중요하다.

지원자 중 본인이 경험한 것이 아닌 가족이나 친구들의 경험을 소개서에 쓰는 경우가 있는데 이는 바람직하지 않다. 군 복무 시 힘들었던 경험, 큰 병을 앓은 경험, 불우했던 가정사 등 어둡고 답답한 내용보다는 밝고 활기차며 희망적인 느낌을 줄 수 있도록 한다.

다. 직업의 의지를 보여준다.

회사가 원하는 인재의 조건은 분명히 뛰어난 능력이다. 하지만 그 못지않게 중요한 것은 이렇게 뽑은 인재가 회사에 오래 다닐 것인가 하는 것이다. 기업은 신입사원을 뽑고 그들의 교육을 위해 많은 비용을 투자하게 된다. 그러나 조기 퇴직하는 상황이 생기면 회사입장에서는 막대한 손해를 보는 것이며 아까운 비용을 낭비한 셈이 된다. 따라서 지원자가 아무리 좋은 스펙을 가졌다고 하더라도 회사와 업무에 대한 열정과 절박함이 없다면 채용하지 않을 것이다.

오래 다니지 못하고 자주 이직을 하는 직원에 대한 기업의 입장은 지원자가 얼마나 성실하고 진실성이 있으며 인내심과 팀워크를 가지고 있는지, 무엇보다도 책임감이 얼마나 중요한 덕목 인지를 말해준다. 따라서 지원자가 이러한 점들을 갖추었을 때 우리는 '신뢰감 있는 사람'이라고 말하며 이는 직업인의 기본적 자질이라고 할 수 있다. 자기소개서에는 무엇보다도 이러한 점이 분명히 나타내어야 한다.

라. 면접관이 나를 만나보고 싶게 만든다.

다음과 같이 소제목을 이용한 작성한 지원자가 있다.

– "타인과 소통하는 도전자."

학창시절부터 저는 친구들에게 비밀 이야기를 많이 듣는 입장이었습니다. 그래서 타인에게는 '그럴 수도 있지'라는 마음을, 동시에 그로부터 깨우침을 실천하는 방법을 익혔습니다.

– "You again?"

교환학생을 세 번이나 도전하던 제게 면접 교수님께서 하신 질문입니다. 어려서 부터 작은 일도 안 되면 될 때까지 도전하는 신조를 가지고 있었던 저는 세계를 무대로 삼고자 한 첫 교환학생 시도에서 실패했습니다.(조선일보 기사 인용)

한 국내 대기업에 취업 지망생이 제출한 자기소개서의 시작 부분이다. 한 명은 통과했고, 다른 한 명은 탈락했다. 어떤 지원서가 통과됐을까? 답은 "You again" 이다. 소제목부터 지원자에 대한 호기심을 불러일으킨다. 자신의 구체적인 경험을 제시한 부분도 좋은 점수를 받았다.

이처럼 임팩트 있는 소제목이나, 호기심이 들게 하는 내용소재 등을 활용하여 인사담당자로 하여금 만나보고 싶게 만드는 것이 중요하다.

마. 잡화상 같은 경험 나열은 하지 않는다.

최근 채용에서 기업들이 어학 성적 등 '스펙'에 대한 평가를 줄이면서 자기소개서의 비중이 커지고 있다

스펙을 안 본다는 건 독특한 경험을 더 많이 보고 중시하겠다는 의미다. 그렇다고 본인의 많은 경험을 잡화상처럼 나열하는 것은 어리석은 일이다. 다른 지원자들에게 드물고 직무에 도움이 되는 2~3가지를 골라 나만의 스토리로 엮어 내는게 승부처라고 인사 실무자들은 지적하기도 한다. 예를 들어 1주일짜리 여행을 두세 번 다녀온 것은 스토리가 될 수 없지만 무작정 여행을 떠나 노숙을 하거나 현지에서 막노동을 불사하며 자기만의 길을 찾아낸 것은 기업이 좋아하는 스토리이다.

바. 두괄식으로 작성한다.

자기소개서를 작성할 때는 두괄식의 표현이 좋다. 특히 성격의 장단점만큼은 장단점이 먼저 언급이 되고 그에 따른 이유를 경험이나 사례들로 작성하는 것이 읽기도 편하고 글의 논리 구조도 부드러워 진다. 이는 면접에서 답변을 할 때에도 해당된다.

사. 구체성을 담아 마지막까지 수정하고 보완한다.

자기소개서는 주관적인 성격의 글이다 보니 자칫 감상적이 되기 쉽다. 자기주장을 효율적으로 나타내는 데 집중할 수 있도록 한다. 중요한 것은 추상적인 표현을 극소화하고 수치 등을 활용해 구체적으로 쓰는 것이다. 예를 들어 "본인의 10년 후 계획에 대하여 작성하시오"라는 질문에 "글로벌 경영의 최선봉에 서겠습니다." 같은 뜬구름 잡는 식 답변은 적합하지 않다. 정확하고 강한 메시지를 주기 위해 밤보다는 낮에 쓰는 게 낫고 밤에 쓴 글이라도 오전에 다시 보고 문장과 어휘가 적절한지 다듬는 과정이 거듭되어야 한다. 마감에 임박해 밤에 쓴 자기소개서는 연애편지처럼 흐를 수 있으므로 여러 번 반복하여 수정하고 보완하는 작업이 필요하다.

4) 항목별 자기소개서 작성법

가. 성장배경

기업이 성장배경을 요구하는 이유

인사담당자는 지원자가 어떤 환경에서 자라서 어떠한 성향과 가치관을 가지고 있으며 성장과정 중 어떤 일이 지금 현재 모습과 인생을 보는 관점에 영향을 미쳤을지 궁금해 한다.

그리고 회사에 입사했을 때 그러한 자신의 관점이나 가치관, 성격 등이 업무를 수행하는데 어떤 식으로 도움이 되리라는 것을 짐작해 보고자 한다.

성장배경에 자주 등장하는 사례

① 성격을 강조한 사례
② 어린 시절 경험을 강조한 사례
③ 집안환경과 생활신조를 강조한 사례
④ 부모님으로부터 영향을 받은 사례
⑤ 어린시절부터 몸에 벤 습관을 강조한 사례

성장배경 구성의 예

부모님의 교육관 → 그로 인한 경험, 사례 → 성장한 후 자신의 가치관에 영향을 줌(인성, 성향, 관점) → 본인의 각오나 다짐

≫어린 시절 부모님의 특별한 교육관의 영향을 받아 자신이 경험했던 일이나 일이 잘 해결되었던 사례 등으로 작성한다. 성장한 이후에도 이렇게 형성된 자신의 인성, 성향, 가치관, 또는 관점과 관련된 에피소드를 도출하여 지원하는 직무와 연결시킨다. 마지막으로 이러한 자질들을 바탕으로 조직생활에 긍정적인 면을 강조하며 그에 대한 각오나 다짐으로 마무리 한다.

나. 지원동기

기업이 지원동기를 요구하는 이유

많은 지원자들이 지원동기 작성에 무척이나 많은 어려움을 겪는다. 자기소개서 중 지원동기가 가장 중요한 이유는 요즘같이 경쟁이 치열한 시기에 '왜 우리 회사에 지원했는가?, 왜 이 직무에 지원했는가?' 라는 질문에 명확한 답변을 하지 못하면 합격하기가 매우 어렵다.

따라서 회사에 대한 충성도, 직무에 대한 열정을 기본으로 지원동기에 대해 구체적이고 참신하게 작성해 보자.

지원동기에 자주 등장하는 사례

① 현 시장에서 지원기업의 강점
② 본인이 사회활동을 통해 직무와 관련하여 자장 자신이 있다고 생각하는 분야
③ 학과전공자로서 지원기업에서 일하는 것에 대한 공감대 형성
④ 취업을 준비하며 알게 된 지원기업 문화
⑤ 지원회사 사업 분야의 중요성

지원동기 구성의 예

현 시장에서 지원기업의 강점 → 그 강점을 위한 지원기업의 노력한 점 → 회사 발전에 도움을 줄 수 있는 본인의 강점 → 대학생활을 근거 경험 및 노력 → 본인의 다짐

≫우선 지원기업의 강점으로 시작하여 지원기업이 이를 위해 어떻게 노력했는지에 대한 언급을 하면서 자신의 회사에 발전을 시키는데 도움을 줄 수 있음을 주장하며 동시에 대학생활이나 사회생활을 근거로 기술한다. 마지막으로 다짐 한마디로 지원동기를 마무리한다.

다. 입사 후 포부

기업이 입사 후 포부를 요구하는 이유

입사 후 포부는 지원동기 다음으로 중요하게 생각하는 항목이다. 지원자가 '목표 의식이 뚜렷한가?, 개인의 최종비전과 기업의 비전이 일치하는가?, 입사 후 계획을 얼마나 구체적으로 수립하는가? 를 알기 위함이다. 즉 지원자의 발전 가능성, 조직에 대한 충성도, 장래성 등이 주요 내용이어야 한다.

조직의 일원으로서 뚜렷한 목표의식이 있다면 자신의 일에 흥미를 느끼고 근무자는 일터에서 신나게 한다는 사실을 회사는 잘 알고 있기 때문이다. 또한 각자의 비전은 회사와 직원의 신뢰가 탄탄해 지는 기초가 된다. 따라서 입사 후 구체적인 계획을 작성하고 어떤 식으로 자신의 발전과 회사의 발전에 도움이 될 지를 언급함으로서 인사담당자에게 신뢰를 주도록 하는 것이 중요하다.

입사 후 포부에 자주 등장하는 사례

① 목표(회사 발전관점, 직무 전문화 관점, 주변동료의 평가관점, 고객평가 관점)를 설정하고 그것을 이루기 위한 노력을 기술한 다음 미래에 자신이 달성한 목표를 그리며 노력할 것임을 강조.

② 입사 후 어떠한 특징을 가진 사람이 될 것이며 그 특징이 회사의 이익에 보탬이 되는 것

③ 자신이 생각하는 직무에 필요한 전문능력을 키우는 것

입사 후 포부 구성의 예

직무수행을 위해 필요로 하는 전문능력을 강조 → 그런 능력을 키우기 위한 본인의 노력과 향후 발전방향 제시 → 본인의 다짐

≫직무수행을 위해 필요한 전문능력을 강조한다. . 그런 능력을 키우기 위한 본인의 노력 등을 기술하고 향후 자신의 발전(회사발전, 고객평가) 방향을 제시하며 마지막으로 본인의 각오를 다진다.

라. 성격의 장단점

기업이 성격의 장단점을 요구하는 이유

인사 담당자는 지원자가 입사하여 회사에 잘 적응하여 본인의 능력을 발휘해줄 것을 기대하고 있다. 따라서 '기업의 문화에 적합한 인재인가?, 직무에 대한 적성이 적합한가?, 조직문화에 잘 적응 할 수 있는가? 라는 점을 파악하고자 한다. 그러므로 성격의 장점은 이러한 부분을 염두 해두고 기술한다. 단점은 개선을 위한 노력이 반드시 필요하며 현재의 활용방안을 기술하는 것도 좋은 방법이다.

성격의 장단점 구성의 예

지원자의 장점을 기술 → 주변에서의 평가, 개인사례 관련경험 등으로 장점을 뒷받침 → 장점의 활용방안(직무관련, 조직생활관련 등) → 단점을 기술 → 단점으로 인한 실수, 단점에 숨겨진 장점, 단점을 가지게 된 원인을 간단히 씀 → 단점을 개선하기 위한 현재의 노력, 극복과정을 기술→ 노력방향, 다짐 등으로 마무리

≫단점의 경우 자신의 단점을 개선했고 그런 변화된 모습이 자신의 생활 또는 사회생활을 함에 있어 긍정적으로 활용됨을 강조한다. 많은 지원자들이 단점을 기술하는 것을 어려워하고 있다. 다만 현재는 극복하였다고 하나 지원하는 직무에 치명적인 단점을 기술하는 것은 주의를 기울일 필요가 있다. 예를 들어 영업직이나 고객접점에서 응대해야 하는 직무를 지원한 경우 단점을 '낯을 많이 가린다, 무표정 이다.' 라고 기술하는 것은 아무리 극복하였다 할지라도 인사담당자에게 부정적인 이미지를 먼저 줄 수 있으므로 신중히 작성하도록 한다.

자기소개서 쓸 때 무엇보다도 중요한 것은 지원회사와 직무에 대한 열정과 능력이 묻어나게 써야한다. 자기소개의 목적은 자신이 입사를 하기 위해 어떠한 능력을 갖추고 어떠한 노력을 했는지를 정확히 알리면서 회사에 적합한 인재라는 것을 강조하는 것이다. 자서전이나 일기형식의 개인적인 글이 아니므로 인사 담당자의 입장에서 신뢰감을 줄 수 있는 정중하면서도 갖추어야 할 형식에 맞게 쓰도록 한다.

자기소개서 체크리스트

NO	항목	체크	
		YES	NO
1	맞춤법과 띄어쓰기 점검이 완료되었는가?		
2	간결하고 정확한 문체를 사용했는가?		
3	보기 쉬운 형식과 구성으로 작성하였는가?		
4	수정, 보안작업을 여러 번 시행하였는가?		
5	지원회사만을 위한 맞춤 자기소개서인가?		
6	진실성이 잘 들어가 있는가?		

자기소개서

성 장 과 정	
성격의 장단점	
지 원 동 기	
입사 후 포부	

※ 지원서의 기재내용이 사실과 상이할 경우 입사취소를 인정함.

작성일자 :　　년　월　일　　작성자 :　　(인)

Imagemaking Communication Interview

이미지메이킹에서 면접까지

제13장

면접

1. 면 접

불과 몇 년 전까지만 해도 대기업은 화려한 학점과 토익 점수, 인턴경험, 각종 수상경력 등을 중요한 합격 기준으로 삼았다. 이 때문에 취업준비생들은 더 좋은 일자리를 찾기 위해 소위 '스펙'(SPEC)을 갈고 닦았다.

하지만 2015년 취업시장은 예년과 다른 풍경을 보인다. 스펙보다는 직무역량을 평가하는 '탈 스펙'이 중심이 되고 있다. 공개오디션, 자기PR, 소셜 리쿠르팅 전형 등 생소한 이름의 채용문화가 대기업을 중심으로 확산되고 있다. 기업들은 저마다의 방식으로 새로운 채용 문화를 만들어내고 있다.

취업포탈 잡 코리아의 한 관계자는 "직무능력중심의 채용이 긍정적인 평가를 받으면서 기존의 형태와는 다른 방식의 채용문화가 늘어나고 있다"며 "갑작스럽게 변화하고 있어 취업준비과정이 그 어느 때보다 복잡하다. 취업준비생은 자신이 가고자 하는 기업의 특성에 맞게 준비해야 취업에 성공할 것"이라고 설명했다.

- 맛있는 뉴스토마토-
스펙초월' 대기업부터 확 달라진 채용문화 트렌드 中-

최근 기업들은 최적의 인재를 채용하기 위해 면접의 비중을 높이고 있다.

면접에서는 자신의 견해를 표현하는 커뮤니케이션 능력, 태도 등을 주요 평가 항목으로 삼고 있다. 이러한 대면면접은 인물의 인성, 열정, 표현 능력 등을 파악하는데 목적을 두고 있다.

1) 면접의 개념

면접에 대한 정의에서 가장 중요한 것은 '취업이나 입학 등 선발과 평가를 목적으로 하는 면담(interview)의 하위 유형' 이라는 것이다.

면접은 취업이나 입학 등과 같은 일정한 목적을 가지고 이루어지는 의사소통의 한 방식이다. 또한 면접관의 질문과 면접자의 대답으로 이루어진다는 점에서 잡담, 강연 등과 다르다.

따라서 '효과적'으로 '상황'에 적절한 '표현'과 '이해'라는 의사소통의 특성을 고려하면 면접에서도 '면접 상황'에 맞는 '질문'과 '대답'을 해야 한다. 이런 점에서 면접에서 면접자는 일정한 정답을 말하는 구두시험이 아니라는 것을 명심하고, 순간적이고 재치가 필요한 기법(technique)을 필요로 하는 것도 아니며, 나를 제대로 알리는 것이라는 것을 꼭 염두에 두어야 한다.

또한 과거와 비교해서 오늘날 기업들의 인재상이 변했다는 것을 인지해야한다. 각 기업의 인재상은 면접에서 평정요소에 직, 간접적으로 반영되며, 표현의 차이는 있지만 주요 기업들은 전문성을 갖추고, 변화를 주도할 수 있는 역량이 있으며, 도덕성과 인간적 매력을 지닌 인재를 높이 평가한다는 것도 알아야 한다.

면접이란 면접관에게 '나를 알리는 것'이다. 보다 구체적으로 내가 이 회사에 적임자임을 말하는 것이므로 나를 제대로 알고 나만의 실력을 쌓기 위해 노력해야 한다.

2) 면접의 중요성

면접은 기업을 끌고 나갈 미래의 조직 구성원을 선별하고, 회사에 수익을 가져다 줄 인재를 뽑는 과정이기에 점차 중요성이 강조되고 있다.

가. 인재를 채용하는 패턴이 변하고 있기 때문이다. 대규모로 일반적인 직원을 채용하던 과거의 비효율성을 극복하고 각 업무에 적합한 소수 정예 입사자를 선발하려는 것이 목적이기 때문이다.

나. 빠른 시간 내에 적재적소에 투입할 인재를 선별하는 방법으로 변하고 있기 때문이다.

다. 인재의 선별 기준이 형식적 능력 보다는 창의력과 발전 가능성, 의욕을 더 보려 하는 것으로 바뀌고 있기 때문이다.

라. 도덕성 의지, 문제해결 능력, 인간적 매력 같은 요소 들이 서류와 데이터 보다 더 중요한 요소로 부각되고 있기 때문이다.

마. 학력과 경력이 화려하다고 해도 지원자의 능력이나 적극성을 이력서에 명시된 내용만으로는 파악하기 어렵기 때문에 지원자의 대답하는 자세, 얼굴 표정, 유연한 태도, 도전 정신, 예의범절 등을 보고 회사의 적합한 인재인지를 파악하려고 하는 것이다.

바. 말하는 태도나 표정을 보고 지원자의 성실성, 진실성을 파악하려는 것이다.

사. 적극적이고 진취적인 사람은 얼굴의 표정과 자세, 목소리만으로도 알 수 있기에 첫인상을 보려고 하는 것이다.

아. 자신의 주장이 너무 강하거나 편협한 사고가 있는 사람은 타인과 협력해야 하는 업무에 지장을 초래하는 경우가 있기에 조직 적응력과 판단력을 보려 하는 것이다.

2. 기업의 채용과정

기업의 채용과정은 크게 서류전형, 필기전형, 면접전형으로 나눌 수 있다. 서류전형은 이력서 및 자기소개서를 제출하는 첫 관문이다. 따라서 기업에서 요구하는 능력을 잘 표현하여 자신의 강점이 드러날 수 있도록 해야 한다. 필기전형은 대기업에서 실시하는 평가도구로 직무적성검사를 활용한다. 직무적성검사는 언어능력, 수리능력, 추리능력, 등으로 지원자의 잠재적인 능력을 파악하기 위한 방법이다. 매년 거의 같은 유형이므로 사전에 준비가 가능하다. 면접전형, 채용의 마지막 단계로 면접관은 질의응답을 통해 지원자의 인성 업무 능력을 최종 확인한다. 지원자는 면접상황에서 면접관의 질문에 대답하는 형식으로 평가받는다. 이때 빈도수가 가장 높은 질문이 '자기소개' 이다. 기업별로 차이가 있지만 1분으로 시간을 한정하거나 전공이나 성격을 고려하여 '자기소개'를 요구하는 경우가 많다. '자기소개' 다음으로 많이 하는 질문은' 지원동기' '마지막으로 하고 싶은 말' '본인의장·단점' 순이다.

사교적인 목적의 자기소개는 청자의 관심을 끌거나 좋은 인상을 심어주는데 목적이 있지만 면접관 앞에서의 자기소개는 해당 직무에 적합한 사람이라는 것을 전달해야 한다. 이때 자기소개의 기본 내용인 성격의 장단점, 출신학교, 전공과 같은 일반적인 내용으로는 다른 지원자와 차별화되기 어렵다. 지원하는 회사에 대한 관심도에 따라 내용의 깊이가 달라지는데 면접하기 전에 해당기업의 인재상, 직무의 특성, 기업의 장, 단점, 회사에 대한 기여 가능성 등 사전지식을 습득해 두어야 한다. 면접에서 자기소개에 대한 방법을 제시한 구현정, 전정미(2007)은 자기소개에 있는 내용 중에서 핵심이 되는 내용만 주어진 시간 안에 말할 수 있어야 한다고 강조하며 지원한 곳에 자신이 가장 적합한 사람이라는 것을 확신시키는 내용을 전달해야 한다고 설명한다.

다음은 신입 사원의 채용 절차를 보다 구체적으로 설명한 것이다.

1) 서류전형

서류전형은 응시자가 제출한 서류를 심사해 입사 대상자를 선발하는 절차이다. 입사 지원서(또는 이력서와 자기 소개서), 성적 증명서와 졸업증명서, 공인 어학 점수, 병역 증명 서류, 경우에 따라 고교 생활 기록부 등을 제출해야 한다.

면접자를 직접적으로 보지 않고 서류상으로 판단하는 것이기에 이력서는 꼼꼼하고 성실하게 작성해야 한다.

화려한 문장 보다는 간결하고 정확한 표현으로 지원자의 의지와 열정을 잘 드러내고, 지원하는 회사와 업무에 대한 구체적 이해를 토대로 특색 있게 작성하는 것이 핵심이다.

2) 인 적성 검사

최근에는 인 적성 검사의 비중이 상대적으로 높아지고 있다. 대기업들은 회사마다 고유한 인 적성 검사방법을 개발하여 활용하고 있으며, 인 적성 검사를 당락을 결정하는 주요 수단으로 삼는 기업이 있는 가하면 합격을 결정하는 참고 사항으로 활용하는 기업들도 있다.

3) 면접 전형

기업들은 서류전형을 통과한 입사예정 후보들을 몇 배수로 선별하여 1차, 2차 경우에 따라서는 3차 까지 면접 전형 절차를 진행한다.

면접의 종류와 방법도 기업들이 일반적으로 선호하는 집단면접, 개별면접, 프레젠테이션 면접, 토론 면접, 역할 연기 등 다양하게 진행된다. 기업들은 면접 전형을 통해 자신들이 원하는 인재를 선별하기 위해 날로 과학화, 전문화된 면접 방법을 개발하고 있다.

가. 집단 면접

집단면접은 응시자 여러 명을 하나의 그룹으로 묶어 비교, 평가하는 형태이다. 면접관이 3~5명, 응시자가 4~8 명 등 그 형태는 다양하다.

집단면접에서는 응시자 여러 명이 함께 면접을 치르는데, 면접관들은 면접 평점 요소에 따라 적합한 응시자들을 변별하기 위해 응시자들을 경쟁시킨다. 이 때문에 응시자들은 많이 긴장하게 되고 다른 응시자들의 눈치를 살피느라 제 실력을 발휘하지 못하기도 한다. 채용기관은 응시자들 간의 경쟁을 통해 이런 상황에서 응시자의 인내력과 평정심을 관찰하는 것이다.

집단 면접에서는 응시자별로 다른 질문을 하기도 하지만 대체로 공통된 질문에 각 응시자가 답하는 형태가 기본이며, 답변이 특이하거나 변별력이 약하다고 평가받으면 추가 질문을 할 수 있기에 당황하지 말고 평정심을 유지한 채 답하면 된다.

집단 면접 대비 포인트

첫째. 대답을 간단명료하게 자신이 말하고 싶은 내용을 요령 있게 답한다.

둘째. 다른 지원자에게 주어진 질문에 자신이 나서서 답변하는 등의 튀는 행동은 삼가야 한다.

셋째. 자기 답변이 길어져 시간을 끌거나 대답을 질질 끄는 태도는 좋지 않다.

넷째. 자신의 답변이 끝났다고 해서 시선이 산만해지거나 자세가 흐트러지면 안 된다. 다른 지원자의 말을 끝까지 경청하는 모습을 보여야 한다.

다섯째. 동일한 질문에 차례로 응답할 것을 요구 받았을 때 설령 자신이 생각한 대답과 옆 지원자가 같은 대답을 했더라도 당황하지 말고 자신만의 답변을 말할 수 있도록 평소 어휘력과 표현력을 키우는 것이 좋다.

나. 개별면접

개별면접은 면접관 여러 명이 응시자 한 사람을 평가하는 형태로 응시자와 면접관이 일대일로 만나는 단독 면접과는 다르다. 일반적으로 면접관 2~4명이 한 조를 이루어 응시자를 평가하는데 각 면접관이 역할을 나눌 수도 있고, 역할 배분 없이 질문 할 수도 있다.

개별면접은 면접관 여러 명이 응시자 한 사람을 평가하는 것이기 때문에 응시자 쪽에서는 어려움과 기회가 동시에 존재하게 된다. 응시자를 단독으로 평가하는 것이기에 다양한 질문을 심도 있게 할 수 있어 인재를 여러 각도에서 평가할 수 있고, 응시자의 답변은 물론이고, 인상과 외모, 자세와 태도, 예의와 성실성까지 평가할 수 있기에 주의해야 한다.

개별면접에서는 어떤 질문이든 모든 면접관들이 채점하고 있으므로 시선을 질문한 면접관에게만 맞추지 말고 다른 면접관들에게도 골고루 맞추어야 한다.

개별면접 대비 포인트

첫째. 자신의 이력서 내용을 잘 기억하여 이에 관련된 질문이 나왔을 때 서류의 내용과 다르게 말하지 않도록 주의해야 한다.

둘째. 질문을 들을 때 면접관의 시선을 피하지 않아야 하며, 자신 없는 말투를 삼가야 한다.

다. 프레젠테이션 면접

프레젠테이션은 특정 주제에 대해 적절한 내용과 형식으로 발표하여 청중을 설득하는 커뮤니케이션 방법으로, 이런 커뮤니케이션 특성을 활용한 것이 프레젠테이션 면접이다.

프레젠테이션 면접을 효과적으로 하기 위해서는 발표 주제 및 내용, 발표자(응시자), 청중(면접관) 등의 구성을 잘 이해해야 한다. 응시자에게 미리 발표할 주제를 주거나 몇 가지 주제 가운데 한 가지를 선택하게 하므로 발표 시간을 초과하지 않도록 주의해야 한다.

주된 기준은 발표내용과 주제는 물론이고, 인상, 말투, 화법 등 모든 것이 대상이므로 발표는 정확성, 논리성, 전문 지식의 활용, 창의력과 설득력이 있도록 해야 한다.

프레젠테이션 면접 대비 포인트

첫째. 미리 작성한 내용을 보고 국어책 읽듯이 발표하지 않아야 한다.
둘째. 면접장 내에서 활용할 수 있는 화이트보드, 칠판, 마커와 볼펜 등 모든 수단을 적극 활용하는 것이 좋다.

라. 토론 면접

토론 면접은 보통 6~10 명을 한 개 조로 구성하여, 짧게는 10분, 길게는 한 시간 까지 주어지며 응시자 여러 명을 토론하게 하여 면접관들이 그 내용과 자세를 평가하는 면접 형태이다. 이 면접의 가장 큰 특징은 다른 형태의 면접과는 달리 질문과 답변의 구조가 아닌, 응시자들끼리 진행하는 자율적 토론을 면접관들이 관찰하면서 평가한다는 것이다.

토론의 주제는 시사문제, 업종별 전문 지식과 관련된 문제 등이 다양하게 출제되며 이는 회사에서 제시하거나 구성원끼리 공통된 의견으로 결정하기도 한다.

그룹에서의 의사소통 및 조정 능력, 리더십, 타 구성원과의 융화를 관찰하여 응시자가 입사 후 조직 생활에 잘 적응하고 맡은 직무를 잘 수행할 자질이 있는지의 여부를 평가하는데 목적이 있다.

토론 면접은 각 구성원의 지식, 경험, 의견을 나누고 문제점에 대해 신중한 해결을 하는 팀워크(team work)가 중요시되어 혼자서만 눈에 띄려고 지나치게 말을 많이 하거나 흥분하지 않고 차분한 태도로 논리정연하게 자신의 의견을 발표하는 것이 좋다.

토론 면접 대비 포인트

첫째. 토론에는 정답이 없기에 내 주장만을 내세우지 않는다.
둘째. 상대방의 의견을 반박하지 않으며 남이 말할 때 끼어 들지 않는다.
세째. 자신의 의견을 발표한 뒤에도 남의 의견을 경청하는 것이 중요하다.

마. 심층면접

일반면접이 10~20분 정도 진행되는데 비해 심층면접은 30~50분 정도의 시간이 걸리며, 실무자 면접, 부서장 면접, 임원 면접 등 여러 단계에 걸쳐 실시된다는 특징이 있다. 지원자에게 꼬리를 무는 끊임없는 질문으로 당황하게 만들거나 자존심을 상하게 하는 질문을 한 다음 상황 대처 능력을 보는 것이기에 평정심을 유지하고 상황을 슬기롭게 대처하는 여유를 가져야 한다. 심층면접에서 꼭 잊지 말아야 할 것은 면접관이 개인적으로 응시자의 기분을 나쁘게 한다거나 혹은 나쁘게 평가해서 하는 질문이 아니라는 것이다.

그렇기에 질문을 받았을 때 정답을 모른다고 당황해서 지레 포기하지 말고 나름대로의 논리와 추리와 최선을 다해야 한다.

바. 신체검사

- 신체검사는 물론 직종에 따라 다르지만 업무에 지장이 있을 만큼 건강이 나쁘거나 심각한 병이 아니면 합격에 큰 영향을 미치지 않는다.

3. 성공 면접 전략

1) 면접 시 중요사항

가. 면접장에 들어서는 순간 이미 80%가 결정됨을 명심해야 한다.

- 지원자 중에는 면접장에서 답변만 잘하면 합격할 것이라고 착각하는 사람이 많은데 실제로는 면접장에 걸어 들어오는 모습을 보고 면접위원은 마음속으로 합격여부를 이미 대강 결정한다. 걸음걸이, 용모, 눈빛을 보고 지원자의 적합성을 거의 파악한다는 뜻이기에 면접장에서의 질의응답은 자신의 판단을 확인하는 절차나 다름없다.

  왜냐하면 말이나 글은 100% 거짓이 가능하지만 눈빛과 용모, 자세, 걸음걸이 등은 자신의 살아온 인생을 보이는 것이기에 속이기가 어렵기 때문이다. 그렇기에 지원자는 면접관이 처음으로 얼굴을 접할 때의 느낌에 대한 준비를 해야 한다.

  질문에 대한 답변만을 준비하는 것이 아니라 단정한 용모와 밝고 맑은 눈빛, 씩씩하고 자신감 있는 걸음걸이, 깨끗한 복장, 올바른 자세와 태도 등을 준비하는 자세가 꼭 필요하다.

나. 서두를 힘 있게 시작하고, 크고 명료한 발음으로 자신감을 보여야 한다.

- 힘이 있는 목소리는 에너지가 느껴져 지원자의 의지와 열정을 느낄 수 있다.

  자신감이 부족하면 목소리가 기어들어 가기 마련이고 열정적으로 보이지 않는다.

  또한 급한 목소리는 신중하지 못해 보이고 말하는 내용이 흩어지기 쉽다. 천천히 또박또박 말하되 강조하고 싶은 어휘에는 톤을 조금 더 높여 주는 것도 바람직하다.

문장과 문장 사이에 약간의 침묵을 주거나 한 템포 띄우는 것도 호소력을 높여 집중하게 한다. 면접 시에는 자신의 이름의 특징, 자신이 만들어온 이력 등을 호감을 느낄 수 있도록 자신 있게 이야기 한 후 자기소개를 하는 것이 좋다.

다. 적극적으로 답변에 임해야 한다.

- 질문에 답을 주저하거나 한 박자 늦게 출발하면 준비성이 없어 보인다.
  내용이 틀려도 좋으니 일단은 먼저 출발하는 것이 좋다. 답변의 내용이 바로 생각이 나지 않을 경우는 면접관의 질문 내용을 서두에 다시 말함으로써 조금의 시간을 버는 것도 한 방법이 될 수 있다.

라. 자신을 표현 할 아이디어를 하나 이상 준비하는 것이 좋다.

- 하루 종일 또는 일주일간 같은 면접을 진행하는 면접관 입장에서는 일반적인 이야기가 귀에 잘 들어오지 않는다.
  새로운 아이디어는 창의력과 입사의지, 에너지를 느낄 수 있게 하는 아이템이므로 자신을 표현 할 참신한 아이디어가 있다면 장시간 면접으로 피곤한 면접관에게 호감을 얻을 수 있게 될 것이다. 그러나 이미 유행이 지났거나 다른 지원자들이 말했던 아이디어는 오히려 준비성이 부족하고 뻔한 답변이라는 인상을 주기에 오히려 안하느니만 못하게 된다는 것을 명심해야 한다.

마. 일화, 실례, 증거를 많이 사용한다.

- 자기소개나 지원동기를 말할 때는 자신의 경험이 구체적으로 들어가 있으면 좋다. 에피소드를 활용하는 답변은 면접관의 관심을 끌고 나아가 감동까지 시킬 수 있고 지원자의 자질을 간접적으로 알 수 있기에 답변에 활용하는 것이 좋다.

바. 편안하지만 느리지 않은 어투로 말한다.

- 편안하고 여유 있는 태도로 면접에 임하면 면접관들도 부담이 없다. 하지만 마지못해 하는 듯한 말투이거나 너무 천천히 말을 하게 되면 면접관의 주목도 받지 못할 뿐 아니라 지루해 할 수 있기에 답변 속도와 태도에 유의해야 한다.

사. 진지하게 말한다.

- 면접을 보면서 웃음을 터트려 진지한 분위기를 흐리게 만드는 지원자가 있다. 또한 장난기 있는 표정과 말투로 자신을 가볍게 보이는 경우가 있기에 자신이 하는 말이 빈껍데기가 아니라는 것을 보이기 위해서도 말 한마디 한마디는 진지하게 해야 한다.

아. 자연스러운 eye contact & smile을 처음부터 끝까지 유지해야 한다.

- 시선을 한 쪽에 오래 두거나 천장을 쳐다보거나 땅을 본다면 절대로 면접관의 신뢰를 얻을 수 없다. 면접관 한명, 한 명과 따뜻한 눈빛을 나누고 정말 합격하고 싶다는 마음이 전해지도록 눈빛 교환을 해야 한다.

  고개를 숙이거나 너무 쳐드는 것도 바람직하지 않고 목을 몸 쪽으로 끌어 당겨 강인함을 보이고, 면접관과 직접적인 eye contact이 부담스러울 경우는 면접관의 인중이나 미간에 시선을 맞추어 이야기하는 것도 바람직하다.

  또한 자신의 답변이 끝났다고 미소를 짓고 있지 않거나 시선을 분산시키는 행동은 아무리 처음 이미지가 좋아도 면접관에게는 가식적인 사람으로 인식될 수 있다는 것을 알아야 한다.

자. 순발력이 있어야 한다.

- 면접관이 꼬리를 무는 끊임없는 질문으로 당황하게 만들거나 자존심을 상하게 하더라도 평정심을 유지하고 상황을 슬기롭게 대처하는 여유를 가져야 하며, 질문에 순발력 있게 대처할 수 있는 상황대처능력이 필요하다.

차. 이 회사에 내가 왜 필요한 지를 설명해야 한다.

- 지원동기를 물어 볼 때나 직무적합성을 물어 볼 때, 장단점을 질문할 때, 자신이 왜 이 회사에 꼭 필요한 사람인지를 사전에 연구해서 준비한 대답을 국어책 읽듯이 하는 것이 아니라 자연스러우면서도 열정적으로 해야 한다.
  이 답변을 자신 없게 하거나 추상적으로 얼버무리거나 너무 딱딱하게 말한다면 입사 의지가 약한 것으로 판단해 좋은 평가를 못 받기 때문이다.

카. 면접 종료 후 퇴장 때의 모습도 중요하다는 것을 명심해야 한다.

- 면접관이 '이제 나가도 좋다.' 는 멘트를 하면 면접은 종료된다. 이 때 이젠 끝났다고 모양을 흐트러트리거나 웃음기 없는 표정을 하는 것은 바람직하지 않다. 면접관들은 지켜보지 않는 것 같아도 면접관의 눈과 귀는 항상 열려있음을 인식하고 면접장에 들어오는 자세 못지않게 나가는 자세도 매우 중요하다는 것을 꼭 명심해야 한다.

2) 면접에 실패하는 5가지 행동

가. 준비되지 않은 첫인상

- 올바른 자세와 매너 있는 태도는 첫인상을 좌우하는 중요 요소이다. 균형이 맞지 않는 상체나 앞으로 등이 굽은 자세, 이야기 중 한 쪽으로 치켜 올라가는 입술 등은 좋은 첫인상을 줄 수 없다. 특히 여럿이 함께 보는 면접에서는 지원자에게 주어지는 시간이 매우 짧기에 평소 좋지 않은 자세나 잘못된 버릇이 있다면 미리 교정을 하는 것이 좋다.

나. 말끝을 흐리는 말투

- 답변이 아무리 좋더라도 그것을 전하는 목소리나 말투가 바르지 않다면 아무 소용이 없다. 답변에 자신이 없더라도 자신 있고 분명하게 얘기해야 하고 ,잘 모르는 부분은 “죄송합니다. 잘 모르겠습니다.” 라고 말하도록 해야 한다.

다. 질문을 이해하지 못하고 동문서답하는 경우

- 면접관의 질문 의도를 파악하지 못하고 그에 대한 답변을 한다면 면접관은 지원자를 좋게 볼 수 없을 것이다. 면접자의 질문 의도를 파악하기 위해 경청해야 하고 신중하게 생각하고 말하도록 해야 한다. 설령 질문을 이해했더라도 너무 장황하게 이야기를 하다보면 질문의 본질을 잊어버릴 수 있으니 답변 요점을 말하는 습관을 준비하는 것이 좋다.

라. 단답형으로 얘기하는 답변

- 질문에 너무 간단히 예! 와 아니오! 로만 대답해 버리면 면접관은 지원자가 할 이야기가 많지 않다는 오해를 할 수 있고, 말하는 것도 귀찮아 한다는 인상을 받을 수 있다. 면접은 서류에서 알 수 없는 지원자의 생활, 생각, 경험을 알고자 하는 자리인 만큼 적절한 부연설명을 덧붙여 자신이 어떤 사람인지,

자신의 자질이 무엇인지, 평소 어떤 생각을 하고 있는지를 잘 표현 할 필요가 있다.

마. 평소의 습관이나 불필요한 행동을 하는 경우

- 어떤 지원자들은 다리를 떨거나, 눈동자를 계속 굴리거나, 까치발을 드는 경우가 있다. 또한 질문에 대답하면서 "어~", "뭐~" 등의 평소 습관적 어투를 사용하기도 한다. 이러한 태도는 평소의 잘못된 습관으로 무의식적인 행동인 경우가 많으므로 고치도록 노력해야 한다.

3) 성공 면접을 위한 테크닉

가. 하루 전

교통편과 소요 시간을 미리 파악하고 지원하려는 회사의 기업정보를 파악한다. 또한 제출한 서류들을 다시 한번 꼼꼼히 읽고, 최근 이슈화된 기사나 인터넷 뉴스 등도 확인한다. 그 후 면접 복장과 수험표 등 준비물을 점검한다.

나. 면접날 당일

식사는 가볍게 하고 뉴스와 조간신문을 통해 오늘의 이슈를 파악한다. 면접 복장을 착용 후 거울을 보며 꼼꼼히 점검한다.

다. 대기실에서 입실까지

① 면접 30분 전 까지는 도착해서 대기실에서 침착하게 기다린다. 너무 일찍 도착해서 면접 보기 전에 이미 진이 빠진 상태로 있거나, 너무 촉박하게 도착해서 불안한 상태로 입실하지 않도록 한다.

② 면접은 면접장에 도착해서 부터라고 생각하고 만나는 모든 이들에게 좋은 인상을 줄 수 있도록 해야 한다. 또한 대기실

에서 담당자의 설명을 들을 때 내용을 빠짐없이 숙지하여 실수가 없도록 해야 한다.

③ 화장실 거울을 통해 용모와 복장을 최종 점검하고, 자리에 돌아와 침착하게 자신의 답변을 점검하도록 한다.

④ 면접관들은 들어서면서부터 나갈 때까지 지원자들을 주시한다는 사실을 잊지 말고 처음부터 끝까지 좋은 인상을 주도록 해야 한다.

라. 입실에서 퇴실까지

① 면접장에 자신감 있는 태도와 자세, 밝은 표정으로 입실 하도록 한다.

② 단정한 용모, 복장과 자신감 있는 태도, 밝은 표정과 예의 갖춘 인사는 면접의 기본이다.

③ 시종일관 미소를 띠며 면접관들과 아이 컨텍(Eye contact)을 하고, 아이 컨텍(Eye contact)이 부담스러울 경우에는 면접관들의 인중이나 미간을 보도록 한다. 질문에 성의 있고 자신감 있게 대답한다.

④ 긴장된다고 해서 손을 만지작거리거나 시선을 옮기는 행동은 좋지 않은 인상을 줄 수 있다.

⑤ 질문을 잘 듣고 대답은 잠시 여유를 두고, 생각을 정리해서 결론부터 말하고 이유를 명료하게 말한다.

⑥ 알아듣기 쉽게 말하며, 너무 빠르지도 너무 늦지도 않게 적절한 속도로 말한다.

⑦ 음~, 에~ 와 같은 표현 습관을 사용하거나, 한 숨을 쉬거나 다리를 떠는 나쁜 버릇은 면접을 망칠 수도 있으니 주의해야 한다.

⑧ 면접관들이 면접이 끝났음을 얘기하면 ‘ 감사합니다’라는 인사말과 함께 인사를 한다. 이때 면접을 잘 못 본 같아 실망스런 표정이나 화난 표정을 짓지 않도록 하고 나갈 때에도 미소를 유지하는 것을 잊어서는 안 된다.

4. 면접 시 이미지메이킹

대부분의 기업체 면접은 짧은 시간 안에 이루어지고 그 짧은 시간 동안 면접관은 피 면접자의 역량과 성품 등을 전부 평가해야 하지만 실상은 그렇지 못하다.

그러다보니 면접자의 첫인상이나 목소리, 개인적인 선호 현상이 면접관의 평가에 영향을 미칠 수 있다. 자신의 인상이 어떻게 비춰지는지, 자신의 자세와 표정에 어떤 문제가 있는지 발견하는 것은 지원자들에게는 필수적인 요소들이라 할 수 있다.

면접에서 좋은 점수를 얻게 되는 것은 웃는 인상, 긍정적이고 자신감 있는 태도, 그리고 열의가 우러나는 첫인상이라면 면접평가에 좋은 영향을 주어 합격은 가까워질 것이다.

1) 인상효과

바른 가치관을 가지고 열정적으로 살아온 사람들의 얼굴은 생동감이 넘치고 같이 일하고 싶은 호감을 준다. 좋은 인상은 단지 잘생긴 얼굴, 예쁜 얼굴만이 아니다. 좋은 인상은 열정을 갖고 최선을 다하는 삶에서, 정직하고 희생하는 삶에서, 도전하는 삶에서 좋은 이미지를 만들 수 있는 것이다.

2) 목소리 효과

목소리가 작은 사람은 자신감이 없고 삶에 의욕이 없는 것처럼 보일 수 있으나 반면 목소리가 큰 사람은 자신감 있고 당당해 보인다. 또한 에너지가 넘치기 때문에 입사 후에도 열정을 가지고 일할 것 같이 느껴진다. 그렇다고 무조건 큰 소리로 악을 쓰듯이 말하는 것이 아니라 자신이 편하게 느끼는 목소리로 말하되 평소 말하는 것보다는 조금 더 높고 큰 목소리로 면접에 임해야 면접관에게 신뢰감을 줄 수 있다.

3) 복장 효과

깔끔하고 세련된 복장을 한 사람이 호감을 줄 수 있다. 훌륭한 역량을 가지고 있으면서도 헤어스타일이나 복장으로 인해 좋은 평가를 받지 못하는 경우가 있다.

남성

① 헤어스타일

- 염색하지 않은 자연색이 좋으며, 귀를 내놓고 이마도 시원하게 내놓은 스타일을 선호한다. 젤이나 왁스를 이용하여 머리를 깔끔하게 마무리 하는 것이 좋다.

② 의상

- 슈트는 감색, 검정, 회색에 깔끔한 무지나 강하지 않은 스트라이프 무늬가 적당하다. 너무 화려한 광택 나는 소재는 피하는 것이 좋다.

  와이셔츠는 흰색이 무난하지만 블루색상의 셔츠도 신뢰감을 줄 수 있다. 셔츠의 목둘레는 실제 목둘레보다 약 2cm 여유를 두는 것이 좋다.

  또한 남성 정장의 핵심 포인트인 넥타이를 잘 활용해야한다. 슈트나 셔츠가 단색에 무난하다면 넥타이에 포인트를 주는 것이 좋고, 반면 컬러가 있는 와이셔츠를 착용할 때에는 넥타이 색상과 일치하도록 하며, 너무 화려한 문양이 있는 것은 피하는 것이 좋다. 또한 넥타이를 헐렁하게 매 와이셔츠가 벌어지도록 하지 말고 목에 와이셔츠가 단정하게 붙도록 매는 것이 좋다.

③ 구두

- 구두를 고를 때 가장 신경 써야 할 부분은 내 발의 편안함이다. 발이 불편하면 전체적인 컨디션을 망칠 수 있기 때문이다. 구두는 광을 내야 하고, 굽이 닳지 않는 검정색 구두를 착용하는 것이 좋다. 그렇다고 면접 전 날 구두를 사게 되면 발에 익숙해지지 않아 불편하기 때문에 적어도 1주일 이전에는 구입하여 발에 익숙해지도록 해야 한다.

여성

① 헤어스타일

- 여성 지원자들의 면접 차림새 중 면접관들이 신경 쓰는 부분 중 하나가 헤어스타일이다. 앞머리가 이마를 가리고 있거나, 흘러내리는 머리는 면접관에게 부정적인 이미지를 줄 수 있기에 이마를 드러내고, 머리카락 한 올도 흐트러지지 않게 젤이나 헤어스프레이로 고정하는 것이 좋다.

② 의상

- 여성의 경우 무릎길이의 스커트 정장이나 바지정장의 투피스가 적당하다. 서비스 업종이나 보수적인 회사일수록 스커트 정장을 선호하는 경향이 있으며, 색상은 깔끔한 검정색이나 차분한 느낌이 드는 베이지나 회색 계열의 색상이 적당하다.

  스커트는 무릎이 살짝 드러나거나 무릎 위 5~10cm가 적당하고 바지는 구두 발등을 약간 덮는 길이가 적당하다.

  메이크업은 유행하는 메이크업 보다는 화사한 이미지를 표현할 수 있는 핑크계열이나 차분한 이미지를 줄 수 있는 브라운 계통으로 연출한다. 인공 속눈썹이나 짙은 화장은 삼가고 자연스럽게 메이크업해야 한다.

③ 구두

- 구두는 깨끗하게 관리된 것을 신는 것이 좋다. 뒷 굽이 닳아진 구두보다는 굽이 닳지 않은 깨끗한 구두를 신는 것이 단정해 보인다. 또한 면접을 위해 구두를 구입하려 할 때에는 발에 익숙해 질 수 있도록 적어도 1주일 전에는 구매하도록 한다.

④ 여성 악세서리

- 지나치게 화려하거나 산만한 악세서리는 좋지 않다. 값비싼 명품 브랜드를 착용하는 것보다 커리어우먼으로서의 이미지를 보여 줄 수 있는 심플한 디자인을 고르는 것이 좋다.

제14장

면접 질문

긴장을 풀기 위한 질문

1. 면접장에는 언제 도착하셨나요? 몇 시에 집에서 나오셨나요?

2. 무엇을 타고 왔나요? 얼마나 걸렸나요?

3. 아침식사는 하셨나요?

4. 아침 면접이라 일찍 일어났을 것 같은데 몇 시에 일어났나요? 푹 잤나요?

6. 면접장에 오니 느낌이 어떤가요?

7. 많이 긴장되나요?

8. 면접이 오후인데 오전엔 무엇을 했나요?

9. 우리 회사 오니 어떤 느낌이 들었나요?

10. 집은 어딘가요?

11. 고향 자랑 좀 해주세요.

12. 면접이 끝나면 무엇을 할 생각인가요?

13. 면접 하루 전날 무슨 생각을 했나요?

14. 면접이 끝나고 가장 먹고 싶은 음식은 무엇인가요?

15. 화장은 본인이 했나요?
직접 했다면 시간이 얼마나 걸렸나요?
전문가에게 받았다면 비용이 얼마나 들었는지 말해주세요.

자기소개 및 PR 관련 질문

1. 자기소개를 해보세요.

2. 자기소개를 10초 안에 해보세요.

3. 지원동기를 포함하여 자기소개를 해보세요.

4. 자신이 왜 뽑혀야 하는지를 포함시켜서 자기소개를 해보세요.

5. 한 단어로 자기 자신을 표현해 보세요.

6. 본인을 4자성어로 표현해 보세요.

7. 자신을 어떤 색에 비유하겠습니까?

8. 자신을 동물(식물/사물)에 비유하라며, 무엇에 비유하겠습니까?

9. 자신과 닮았다고 생각하는 연예인에 대해 말해 보세요.

10. 이 조에서 꼭 한 명을 뽑힐 수 있다면 누가 되어야 한다고 생각하나요?

11. 이 지원자들 중에 자신만의 경쟁력은 무엇인가요?

12. 만약 채용된다면 당신이 우리 회사를 위해 발휘할 수 있는 능력은 무엇인가요?

13. 자신이 왜 우리 회사의 직원이 되어야 하는지 말해 주세요.

14. 자신의 강점을 3가지만 말해 주세요.

15. 현재 자신의 미소에 몇 점을 줄 수 있나요?

이력서를 보고 면접관이 하는 질문

1. 이름의 한자 뜻이 무엇인가요?
2. 집이 먼데 출퇴근하는데 어려움이 있지 않을까요?
3. 형제가 없으시네요? 외동이시네요?
4. 전공이 특이하시네요?
5. 학점이 좋으시네요? 학점이 낮으시네요?
6. 대학교 자랑 한번 해 주시겠어요?
7. 해외연수를 통해 무엇을 배우셨나요?
8. 특별한 자격이 있으시네요? 자격을 취득한 이유는 무엇인가요?
9. 00봉사활동을 하면서 느낀 점은 무엇인가요?
10. 동아리 활동에 대해서 얘기해 주세요.
11. 토익점수가 좋으시네요?, 토익점수가 낮으시네요?
12. 중국어나 일어를 잘 하시나요? 자기소개 해 보시겠어요?
13. 대회를 참가하게 된 동기는 무엇인가요?(포상경험)
14. 아르바이트(사회경험, 경력)를 하면서 어려웠던 점은 무엇인가요?
15. 언제부터 이러한 취미를 가지고 있었나요?(취미관련)
16. 훌륭한 특기를 가지고 있네요. 혹시 보여주실 수 있나요?(예를 들어 '수화')

성격 장단점 관련 질문

1. 본인의 장점에 대해 말해주세요.
2. 주변 친구들이 본인에 대해 뭐라고 이야기하나요?
3. 본인 성격의 어떤 부분이 서비스업에 적합하다고 생각합니까?
4. 본인의 장점이 서비스 업무에 어떻게 활용될지에 대해 말해주세요.
5. 본인의 가장 큰 매력은 무엇이라 생각하나요?
6. 본인의 단점은 무엇인가요?
7. 자신의 성격 중 이것 하나만은 꼭 고쳐야겠다고 생각하는 부분이 있다면, 무엇인가요?
8. 내가 한 행동 중 가장 후회스러웠던 것은 무엇인가요?
9. 단점을 장점으로 승화시킨 경험이 있나요?
10. 자신의 성격에 대해 말해 보세요.
11. 본인 성격의 장단점에 대해 말해 보세요.
12. 자신이 가진 자질 중 가장 부족한 점은 무엇이라고 생각하나요?
13. 성격이 급한 편인가요, 느린 편인가요?
14. 급한 성격과 느린 성격, 둘 중 어떤 성격의 소유자가 일을 잘할 수 있을까요?
15. 급한 성격과 느린 성격, 둘 중 어떤 성격의 사람과 함께 일하는 것이 더 편한가요?
16. 성격이 급하진 않나요?

17. 어떤 타입의 사람과 잘 못 지내는 편인가요?

18. 새침해 보이는 외모인데, 평소 그런 말을 자주 듣는 편인가요?

19. 소극적으로 보이는데, 그런 말을 많이 듣는 편인가요?

20. 다른 사람들이 보는 자신의 성격, 장점에 대해 말해 보세요.

21. 자신의 어떤 장점이 서비스 업무를 하는 데 도움이 될 것으로 생각하나요?

22. 자신의 성격과 서비스 하는 직업이 잘 맞는다고 생각하나요?

23. 스스로 점수를 매긴다면, 당신은 몇 점입니까?

24. 사람을 볼 때 무엇을 가장 먼저 보게 되며, 그 이유는 무엇인가요?

취미, 특기, 체력 관련 질문

1. 취미나 특기에 대해 말해 보세요.
2. 자신만이 할 수 있는 특별한 장기가 있나요?
3. 여가시간은 어떻게 보냅니까?
4. 요즘 가장 관심 있는 일은 무엇인가요?
5. 취미가 영화감상인데 주로 어떤 영화장르를 좋아하나요?
6. 보통 누구와 함께 영화를 보러가나요?
7. 가장 감명 깊게 깊었던 영화에 대해 말해보세요.
8. 가장 감명 깊게 읽은 책은 무엇인가요?
9. 최근 읽은 책에 대해서 말해보세요.
10. 특기를 보여줄 수 있나요?
11. 취미가 수영이라고 했는데 얼마나 잘하는 편입니까?
12. 특기가 태권도인데 여성으로써 태권도를 하게 된 이유는 무엇인가요?
13. 좋아하는 스포츠에 대해 말해 보세요.
14. 다른 지원자에 비해 자신만이 할 수 있는 특별한 장기가 있나요?
15. 특기가 요리인데, 어떤 요리가 제일 자신 있나요?
16. 취미가 특이한데 이러한 취미를 가지게 된 이유가 있나요?
17. 체력이 약해 보이는데 일하는 데 문제가 없을까요?

18. 몸이 약해 보이는데, 체력관리는 어떻게 하고 있나요?

19. 평소 건강관리는 어떤 방법으로 하고 있나요?

20. 건강을 위해 어떠한 노력을 하나요?

21. 평상시 스트레스를 어떻게 푸나요?

22. 언제 가장 스트레스를 받나요?

23. 스트레스를 해결하는 본인만의 방법이 있나요?

24. 최근에 가장 스트레스를 받았던 일에 대해 말해 주세요.

25. 술을 좋아하나요? 주량을 얼마나 되시나요?

가치관, 인생관 관련 질문

1. 본인만의 생활신조가 있나요?
2. 좌우명은 무엇인가요?
3. 살면서 지표로 삼는 말이 있다면 무엇인가요?
4. 본인의 인생관에 대해 말해 주세요.
5. 본인의 인생관을 바탕으로 우리회사에 어떻게 기여할 수 있을지 말해 주세요.
6. 자신이 가장 존경하는 인물에 대해 말해 주세요.
7. 인생의 롤모델에 대해서 말해주세요.
8. 삶의 멘토로 생각하는 사람이 있나요?
9. 가족을 제외한 존경하는 인물에 대해 말해주세요.
10. 인생에서 가장 큰 영향을 끼친 인물은 누구인가요?
11. 지금의 가치관을 갖게 된 계기가 있나요?
12. 살면서 가장 힘들었던 순간은 언제이며 어떻게 극복했나요?
13. 최근에 가장 기뻤던 일은 무엇인가요?
14. 성공이란 무엇이라고 생각하나요?
15. 인생의 목표가 무엇인가요?
16. 일에 있어서 과정과 결과 중 어느 것이 중요하다고 생각합니까?
17. 만약 로또에 당첨된다면 어떻게 하겠습니까?

18. 만약 1억원이 생기면 무엇을 하고 싶은가요?

19. 단기적인 개인목표는 무엇인가요?

20. 살면서 가장 가치 있는 일은 무엇이라 생각하나요?

21. 본인에게 가장 중요한 것은 무엇인가요?

22. 처음 사람을 볼 때 제일 먼저 보는 것은 무엇인가요?

23. 미소가 갖는 힘은 무엇이라 생각하나요?

24. 이상형은 어떤 사람인가요?

25. 미래의 배우자는 어떤 사람이었으면 좋겠습니까?

가족과 친구 관련 질문

1. 가족에 대해서 소개해 보세요.
2. 가훈이 있다면 무엇인가요?
3. 아버지, 어머니 중 성격이나 외모는 누구를 더 닮았나요?
4. 살아오면서 부모님께 효도를 했다고 생각한 적은 언제인가요?
5. 부모님께서는 본인이 하고 싶은 일에 대해 어떻게 생각하십니까?
6. 오늘 부모님께서 어떤 조언을 해주신 것이 있나요?
7. 오늘 면접을 보러오기 전, 부모님과 어떤 대화를 나누었나요?
8. 오늘 아침, 집에서 나올 때 어머니께서 하신 말씀은 무엇인가요?
9. 친한 친구가 몇 명인가요?
10. 가장 친한 친구에 대해 말해보세요.
11. 면접보기 전, 친구가 무슨 말을 해주었나요?
12. 친구 관계에서 가장 중요한 것은 무엇이라고 생각합니까?
13. 친구를 사귈 때 가장 중요하게 생각하는 것은 무엇인가요?
14. 지금 남자친구가 있나요?
15. 남자친구의 어떤 면이 가장 좋나요?
16. 오늘 면접 보러 오기 전 남자친구가 무슨 말을 해 주었나요?
17. 지금 생각나는 사람 한사람만 말해보세요.
18. 막내(장남, 장녀)의 장점을 말해보세요
19. 부모님 슬하를 떠나 살아본 일이 있나요?
20. 부모님의 의견을 반대하고 하고 싶던 일을 한 경험이 있으면 말해보세요.

학교생활 관련 질문

1. 본인의 학교 자랑을 해보세요.

2. 지금의 학교를 선택한 이유가 있습니까?

3. 지금의 전공을 선택한 이유는 무엇인가요?

4. 본인의 전공과 서비스 업무의 연관성에 대해 말해주세요.

5. 여대를 나왔는데, 여대의 장점은 무엇인가요?

6. 대학생활에서 가장 기억에 남는 일은 무엇인가요?

7. 가장 좋아했던(싫어했던) 수업은 무엇인가요?

8. 본인의 전공과 전혀 다른 직무에 지원한 이유는 무엇인가요?

9. 학점이 좋지 않은데 그에 따른 이유가 있나요?

10. 대학교 전공이외에 몰두했던 일이 있나요?

11. 아르바이트를 한 적이 있나요?

12. 아르바이트를 하지 않은 이유는 무엇인가요?

13. 대학생활에서 가장 중점을 둔 부분은 무엇인가요?

14. 대학생활 중 가장 재미있었던 것은 무엇인가요?

15. 대학생활에서 가장 후회스러운 것은 무엇인가요?

16. 학교 다닐 때 동아리 활동을 했나요?

17. 동아리 활동 경험에 대해 말해주세요.

18. 왜 동아리 활동을 하지 않았나요?

19. 봉사활동을 한 적 있나요? 어떤 일을 했나요?

20. 대학생활 동안 가장 어려웠던(아쉬웠던/후회스러운) 점은 무엇인가요?

21. 휴학하는 동안 무엇을 했나요?

22. 졸업하고 2년 동안 무엇을 했나요?

23. 졸업이 늦어진 이유가 있나요?

해외 경험 관련 질문

1. 해외여행 경험이 있나요? 재미있는 에피소드가 있나요?
2. 해외여행 경험이 있다면, 경비는 어떻게 마련했나요?
3. 여행을 하면서 한국인이라는 것이 자랑스러웠던 적은 언제인가요?
4. 해외 경험을 통해 외국인과 한국인의 가장 큰 차이는 무엇이라고 느꼈나요?
5. 해외여행 중 문화적 충격을 느껴본 적이 있나요?
6. 해외여행 중 가장 힘들었던 것은 무엇인가요?
7. 미국으로 어학연수를 다녀왔는데 왜 미국을 선택했나요?
8. 어학연수가 꼭 필요하다고 생각하나요?
9. 어학연수를 6개월간 다녀왔는데 영어실력이 많이 향상되었나요?
10. 어학연수 기간 동안 가장 기억에 남는 일은 무엇인가요?
11. 어학연수를 하는 동안 가장 힘들었던 것은 무엇인가요?
12. 가장 가고 싶은 여행지는 어디인가요?
13. 외국인 친구가 있나요?

어학 능력 관련 질문

1. 영어(중국어)공부는 어떻게 했나요? 영어(중국어)로 자기소개를 해보세요.

2. 우리 항공사에 대해서 아는 대로 영어로 말해보세요.

4. 영어(중국어)공부는 어떻게 하고 있어요?

6. 토익 점수가 높은데 영어공부는 어떻게 했나요?

7. 지금 심정을 영어로 표현해 보세요.

8. 어학연수를 다녀왔다고 되어 있는데, 그곳에서 있었던 일이나 그에 대하여 하고 싶은 말을 영어로 해보세요.

경력 관련 질문

1. 아르바이트 경험에 대해 말해보세요.
2. 많은 곳에서 일을 했는데, 가장 기억에 남는 아르바이트는 무엇인가요?
3. 아르바이트 중 가장 기억에 남는 일에 대해 말해보세요.
4. 아르바이트 중 가장 재미있었던 에피소드에 대해 말해주세요.
5. 아르바이트 중 가장 힘들었던 부분은 무엇인가요?
6. 급여로 시간 당 얼마의 돈을 받았나요? 그 돈으로 무엇을 하셨나요?
7. 전 직장에서 가장 마음에 어려웠던 점은 무엇인가요?
8. 현재 하는 일에 대해 말해주세요.
9. 지금 회사에 입사한지 얼마 안 되었는데 이직하고자 하는 이유는 무엇인가요?
10. 연봉은 얼마나 되나요? 돈 관리는 자신이 하고 있나요?
11. 내 인생 최악의 상사에 대해 말해보세요.
12. 함께 일하기 싫은 유형의 상사를 말해보세요.
13. 본인이 생각하는 좋은 상사와 나쁜 상사의 차이점 한 가지만 말해 보세요.

서비스 관련 질문

1. 서비스 정신이란 무엇이라고 생각하나요?

2. 좋은 서비스는 무엇이라고 생각하나요?

3. 서비스란 무엇이라고 생각합니까?

4. 자신의 서비스 마인드에 대해 말해보세요.

5. 본인이 경험한 좋지 않았던 서비스에 대해 말해보세요.

6. 좋지 않은 서비스는 무엇이라고 생각하나요?

7. 좋은 서비스와 나쁜 서비스의 차이는 무엇이라고 생각하나요?

8. 손님은 왕이라는 말이 있는데 이 말에 대한 본인의 생각은 어떤가요?

9. 서비스 분야에서 아르바이트 경험이 많은데, 가장 기억에 남는 손님은 어떤 사람인가요?

10. 서비스 아르바이트를 할 때, 가장 하기 싫었던 업무는 무엇이었나요?

11. 고객으로부터 컴플레인 발생 시, 어떻게 대처하겠습니까?

12. 고객에게 실수를 하거나 컴플레인을 받아본 적이 있나요?

13. 까다로운 고객을 응대한 경험이 있나요? 어떻게 대처했나요?

14. 응대하기 힘들었던 고객에 대해 말해 보세요.

15. 어떤 고객이 가장 대응하기 힘들다고 생각하나요?

16. 이런 고객은 만나고 싶지 않다 라는 유형의 고객이 있습니까? 어떤 고객인가요?

17. 일하면서 실수한 적이 있나요? 어떤 상황이었으며 어떻게 해결했나요?

18. 고객 접점 서비스 시 가장 중요하다고 생각하는 것은 무엇인가요?

19. 고객을 만족시켜 본 경험이 있다면 어떤 서비스로 만족을 드렸는지 말해주세요.

20. 고객을 만족시키기 위해 중요한 것은 무엇이라고 생각하나요?

21. 지원자 역시 20대 인데, 20대 승객을 만족시키기 위해서는 어떻게 해야 할까요?

22. 50대 남성 승객을 위해 어떤 서비스를 할 수 있을까요?

23. 영어를 못하는 중국인 승객에게는 어떻게 서비스하겠습니까?

24. 언어 소통이 전혀 안 되는 외국인 승객을 만난다면, 어떻게 서비스 할 건가요?

지원동기 관련 질문

1. 우리회사에 지원하게 된 동기에 대해 말해 주세요.

2. 왜 이 일을 하고 싶나요?

3. 서비스 업무에 관심을 가지게 된 특별한 동기가 있나요?

4. 다른 회사와 우리 회사의 차이점은 무엇이라 생각하나요?

5. 우리 항공사의 어떠한 부분을 보고 지원했나요?

6. 다른 회사에 지원해 본 경험이 있나요?

7. 언제부터 이 일을 하고 싶었나요?

8. 이번에 졸업했는데 왜 작년에는 지원하지 않았나요?

9. 다른 지원자들에 비해 나이가 많은 편인데 지원을 왜 이렇게 늦게 하셨나요?

직장인의 자세에 관한 질문

1. 학생과 사회인의 차이는 무엇이라 생각하는가?
2. 사회인이 되기 위해 갖추어야할 것은 무엇이라 생각하는가?
3. 직장을 선택할 때 무엇을 가장 중요하게 생각하나요?
4. 직장은 언제까지 다닐 건가요?
5. 동료와의 문제가 발생했을 때 어떻게 해결하시겠어요?
6. 상사가 부당한 업무를 지시했을 때 어떻게 대처 하시겠습니까?
7. 본인의 목표와 회사에서 요구하는 방향이 다르다면 어떻게 하시겠습니까?
8. 개인의 이념과 회사의 이념 중 무엇이 더 중요하나요?
9. 결혼은 언제쯤 하고 싶은가요?
10. 결혼 후 육아문제는 어떻게 할 건가요?
11. 상사가 성희롱을 한다고 생각된다면 어떻게 대처 하시겠습니까?
12. 회사의 중요한 일과 개인적으로 중요한 일이 겹치면 어떻게 할 건가요?

시사 관련 질문

1. 최근 이슈가 되고 있는 것은 무엇인가요?
2. 오늘 아침 헤드라인 기사는 무엇인가요?
3. 청년 실업문제에 대해 어떻게 생각하십니까? 해결방안은 무엇이라 생각하나요?
4. 최근 경제상황이 좋지 않은데 전망은 어떻게 생각하나요?
5. 인터넷 통신언어에서 줄임말이나 은어, 신조어 등이 많이 쓰이는데 본인의 생각은 어떤가요?
6. 환율변동이 관광산업에 미치는 영향은 어떤가요?
7. 신문을 보나요?
8. 성형수술에 대해 어떻게 생각하나요?
9. 우리나라 사교육에 대한 본인의 생각은 어떤가요?
10. 평소 상식은 어디에서 얻습니까?
11. 신문이외에 정기적으로 구독하는 잡지가 있나요?
12. 최근 즐겨보는 방송프로는 무엇인가요?
13. 최근 20대들의 관심사는 무엇인가요?
14. 대학생들은 등록금 인상의 원인이 무엇이라 생각하나요?
15. 북한과 통일이 되었을 때 가장 큰 문제점은 무엇이라 생각하나요?
16. 우리나라 국민소득이 얼마인지 알고 있나요?
17. 저 출산에 대해 어떻게 생각하나요?
18. 다문화가정에 대한 본인의 생각은 어떤가요?
19. 신용불량자들의 문제를 해결하기 위한 방안은 무엇이라 생각하나요?
20. 취업난의 원인이 무엇이라 생각하나요?

참고문헌

ESSEN잡지 2014년2월

코메디닷컴 기사 2015년5월10일

서비스맨의 이미지메이킹 (박혜정) -백산-

매너와 에티켓 (한국관광대학 교재개발 위원회) -새로미-

글로벌 서비스매너 (한국여성교양학회) -신정-

커뮤니케이션 예절 (박소연,김민수,박혜윤) -새로미-

비즈니스매너와 글로벌에티켓 (오정주,권인아) -한올-

면접의 이론과 실제 (주경희) - 역락-

면접의 비밀 (조영환) - 북오션-

면접의 정석 (서형준) - 부키-

커뮤니케이션 기법과 효과 (노순규)

성공하는 리더의 글로벌 매너 (김미자) -백산-

글로벌 서비스맨의 길잡이 서비스 매너 (미래서비스 아카데미) - 새로미-

서비스매너 (장순자) - 백산-

외국어로서의 한국어 어학개론 (김진호) -박이정-

현대인의 생활 매너 (이영희, 박소연, 박혜윤) - 백산-

한국어 경어법의 기능과 사용원리 (이정복) -소통-

표준 언어예절 - 국립국어원-

헤드헌터들이 직접 쓴 이력서 자기고개서에 배팅하라 (이동하외 5명공저) -책과 사람들-

이시한의 취업자기소개서 불패노트 -알에이치코리아-

취업자기소개서 작성비법 (jun's 취업연구소) -에듀크라운-

스튜어디스 합격을 위한 실전 트레이닝북 (김안숙) -마이북스-

조선일보 3월16일 기사

❑ 저자 약력

유정화

전) 대한항공 11년 근무
전) 세종대학교 관광대학원 여행 · 항공경영 석사 졸업
현) 세종대학교 일반대학원 호텔경영학 박사
전) 인하공업전문대학교 외래교수
전) 한국관광대학교 외래교수
현) 장안대학교 항공관광과 전임교수

이나영

전) 대한항공 13년 근무
전) 세종대학교 관광대학원 여행 · 항공경영 석사 졸업
현) 세종대학교 일반대학원 호텔경영학 박사과정
전) 동양미래대학교 외래교수
현) 장안대학교 외래교수
현) 협성대학교 외래교수

곽봉화

전) 대한항공 승무원
전) 이화여자대학교 경영학 석사 졸업
현) 세종대학교 일반대학원 호텔경영학 박사
전) 순천향대학교 외래교수
전) 한양여자대학교 외래교수
전) 인하공업전문대학 외래교수
현) 대림대학교 교양교직학부 조교수

Imagemaking
Communication
Interview 이미지메이킹에서 면접까지

2016년 1월 12일 초판 발행
2019년 8월 20일 2쇄 발행

저 자 : 유정화, 이나영, 곽봉화
발행인 : 모흥숙
발행처 : 도서출판 새로미
기획 · 편집 : 한윤서
서울시 용산구 한강대로 104라길 3
TEL : (02)523-5903~4
FAX : (02)2693-2437
seromi@seromi.kr
www.seromi.kr
ISBN : 978-89-6476-276-9
가격 : 19,000원

도서출판 새로미